国家社会科学基金重大项目（21&ZD129）

智能决策

Intelligent Decision-Making

张玉明　陈舒曼　徐亮亮　邢雨辰　主编

中国财经出版传媒集团

经济科学出版社

Economic Science Press

图书在版编目（CIP）数据

智能决策/张玉明等主编 . -- 北京：经济科学出
版社，2023.8
ISBN 978 - 7 - 5218 - 5099 - 4

Ⅰ. ①智⋯　Ⅱ. ①张⋯　Ⅲ. ①财务管理系统－研究
Ⅳ. ①F232

中国国家版本馆 CIP 数据核字（2023）第 167561 号

责任编辑：杨　洋　杨金月
责任校对：杨　海
责任印制：范　艳

智能决策

张玉明　陈舒曼　徐亮亮　邢雨辰　主编

经济科学出版社出版、发行　新华书店经销
社址：北京市海淀区阜成路甲 28 号　邮编：100142
总编部电话：010 - 88191217　发行部电话：010 - 88191522
网址：www. esp. com. cn
电子邮箱：esp@ esp. com. cn
天猫网店：经济科学出版社旗舰店
网址：http://jjkxcbs. tmall. com
北京季蜂印刷有限公司印装
787 × 1092　16 开　11.5 印张　220000 字
2023 年 9 月第 1 版　2023 年 9 月第 1 次印刷
ISBN 978 - 7 - 5218 - 5099 - 4　定价：40.00 元
（图书出现印装问题，本社负责调换。电话：010 - 88191545）
（版权所有　侵权必究　打击盗版　举报热线：010 - 88191661
QQ：2242791300　营销中心电话：010 - 88191537
电子邮箱：dbts@ esp. com. cn）

前 言

PREFACE

从 2015 年的 AlphaGo 到 2023 年的 ChatGPT，人工智能的发展逐渐引发全社会的关注与讨论，并在不知不觉中渗透到社会生活的方方面面。在财务领域，各行各业也纷纷紧跟人工智能的技术浪潮，这使传统的财务决策方式不断受到挑战。互联网数据中心（IDC）在发布的《2021 年中国智能决策解决方案市场份额》研究中预计，到 2025 年，超过 60% 的中国企业将把人类专业知识与人工智能、机器学习、NLP 和模式识别相结合进行智能预测与决策，以增强整个企业的长期决策能力，并使员工的工作效率和生产力提高 25%。通过"数据 + 算法"的赋能，未来企业能够实现精准营销、销量预测、供应链管理、风险控制等业务环节的智能决策。智能决策不是将人类完全排除在决策过程之外，它涉及用人工智能增强人类的能力，并为所有业务数据创建更全面、更方便的视图，使人们能够作出最佳决策。与传统"拍脑门"的决策相比，企业使用智能决策能更全面地掌握信息、更明晰企业的发展定位；进而找到最佳信息平台，详细获得所有经营数据、用户行为数据等关键信息；从而能够更有效地调整生产、开拓市场，决策效果要远胜于传统的基于少量样本而进行的经验决策。可以预见的是，未来智能决策将在很大程度上引领企业发展，而传统的经验决策将逐步被边缘化。

智能化的时代已经来临，智能决策的理念在出现之初就受到了业界的广泛关注，然而目前对智能决策在会计教育改革、智能会计转型中的应用还处于构想和理论层面，成体系的论述和实践上的指导性教材较少。基于此，本书探讨了智能决策的理论与技术基础、智能决策数据库，并成体系地介绍了智能决策的生成依据、生成过程、软件操作和最终报告。为便于广大师生直观地感受学习智能决策的过程，本书的撰写团队还开发出智能决策实训软件，这也是本教材的特色亮点之一。

《智能决策》一书是张玉明博士（山东大学二级教授、会计学博导，国家社科基金重大项目首席专家）及其团队立足智能化时代财务变革的创新性成果。本教材由张玉明教授提出创意、构思与提纲，与陈舒曼博士（北京大学会计学博士，山东师范大学会计系教师）、徐亮亮研究员（中国联通山东省分公司互联网数据中心运营总监）、朱丽华（山东中维世纪科技股份有限公司副总经理）、邢宇辰等进行了充分讨论，王旻晴、郭春燕、王冬玲（山东建筑大学商学院副教授）发挥了副主编作用。各章执笔人如下：邢宇辰、王旻晴（第1章、第3章、第4章、第5章、第8章、第9章、第10章），郭春燕（第2章、第6章、第7章），郭春燕、王旻晴（第11章），这些撰写者均为山东大学会计学系研究生。全书最后由张玉明教授修改、定稿。感谢山东大学管理学院会计与公司财务系师生的支持！在本教材的写作过程中还参考了相关学者的研究成果，并从中得到了重要的启示，已尽量将所有相关文献在书中注明，在此一并致谢！

特别感谢经济科学出版社的领导、编辑和专家对本书的编辑和出版给予的热情帮助和支持。当然，由于本人水平有限，书中难免有不足之处，敬请各位前辈、同仁、读者批评指正。

本教材的配套实训软件、课件以及学习参考资料由中企数智教育科技（山东）有限公司提供。网址：http：//zhongqishuzhi.com；或扫描下方二维码关注企业公众号：

山东大学二级教授/会计学博导　张玉明

2023 年 8 月 16 日

目 录
CONTENTS

第1章

智能决策的理论基础

 本章重点

1. 了解智能会计的起源。
2. 熟悉智能会计的概念与特征。
3. 理解智能决策的四项原则。
4. 了解智能决策的优势所在。

 案例导入[*]

A公司为一家服装公司，主营业务是童装的生产、销售。目前，企业的会计活动主要基于企业生产销售等业务活动所产生的财务数据进行管理和分析，并为企业未来的生产销售等提供决策参考。在企业发展初期，业务量平稳增长但总量不高，财务人员在数据集成阶段，主要采用会计电算化系统对财务数据进行集成，然后生成财务报表，并提供给企业内部的高级管理人员，辅助他们作出研发、生产、销售、售后方面的决策。整个过程虽然引入了电算化系统，但在数据分析和决策制定中依然需要耗费大量的时间和人力。

随着A公司业务量的不断增加，原先公司在财务数据处理和使用中出现的问题日益凸显，电算化会计在人工智能和大数据飞速发展的今天已经难以为继。业务数据和财务数据剧增，给A公司的管理决策带来了一系列的问题，如数据分析能力不足、经营决策滞后等，这极大地影响了A公司的发展速度和竞争能力。针对管理决策与其高质量发展不匹配这一问题，A公司管理层商讨后决定采用会计智能化改造方案，对其进行优化设计（陈婧超，2022）。

＊ 详细案例和进一步讨论，请访问链接网址：http://zhongqishuzhi.com；或扫描章后二维码。

伴随着云计算、大数据、物联网、人工智能、区块链等技术的应用，企业生成财务信息的速度、精准度、不可篡改等特性都有了显著的提升和优化，进而提高了企业的财务信息生成效率。但企业财务信息的生成并非财务活动的终点，从智能会计的整体结构框架来看，智能会计的功能延伸应最终落脚于使用这些信息进行分析和据此作出决策。本章将依托智能账务、智能财务、智能会计等所构建的智能会计框架体系以及所能够形成的各种信息，结合传统财务管理框架，构建基于智能会计信息系统的财务分析模型和决策框架，这种"辅助"决策功能体系可以为企业经营管理人员提供更多有借鉴意义的参考信息，从而进一步实现"会计就是决策"的理念。

1.1　智能决策的起源与内涵

在数字化、智能化、云计算等新技术快速发展的时代背景下，企业财务决策面临的环境越发复杂多变，传统的财务决策方式不断受到挑战，也催生出利用人工智能等技术辅助完成财务决策的智能决策方式。本节主要阐释智能决策的起源和内涵。

1.1.1　智能决策的起源

从 2015 年的 AlphaGo[①] 到 2023 年的 ChatGPT[②]，人工智能引发了广泛的社会讨论。各国政府也对人工智能的发展给予了很大重视，美国和英国政府先后发布了关于人工智能未来发展及影响的研究报告；党的二十大报告中也提到要推动互联网、大数据、人工智能与实体经济深度融合。在"大智移云物区环"的智能化时代背景下，企业财务决策面临的环境日益复杂多变，对传统财务决策提出了新的挑战。同时，智能化时代也改变了财务决策的思维方式。这些变化推动着传统财务决策逐步转向智能财务决策。人工智能在财务会计领域的应用将发生一场巨大变革。目前，人工智能虽然已经在我国的会计行业实现了初步应用，但多限于

---

① AlphaGo 直译为阿尔法围棋，亦被音译为阿尔法狗、阿法狗等，是于 2014 年开始由英国伦敦 Google DeepMind 开发的人工智能围棋软件。

② ChatGPT，全称聊天生成预训练转换器，是 Open AI 开发的人工智能聊天机器人程序，于 2022 年 11 月推出。

会计核算层面，与财务决策领域的融合仍相对缺乏。为了实现人工智能和财会领域的深度融合，必然要推动实现其在管理会计领域的应用。

智能化时代已经来临，并逐步进入财务人的视野。当前，财务领域正在经历一场大数据时代下的财务变革。大数据、人工智能、移动互联网、云计算、物联网技术正在以前所未有的速度改变着整个社会的商业环境，为企业的经营管理带来了庞大的数据洪流，同时也为企业的财务决策提供了新的思路，即利用大数据等技术从海量数据中挖掘出有效的信息，并进行科学的分析、预测，帮助企业有效地规避风险，作出精准的财务决策。

随着智能化时代的到来，财务决策在不断地发展与进化。在不同的历史时期，财务决策的思维与方法需要与社会、经济、技术环境相匹配。财务决策是财务管理活动中的重要组成部分。我国的财务决策演化发展可以大致分为入门（财会一体）、初级（专业分离）、中级（战略、专业、共享、业财四分离）、高级（外延扩展）四个阶段（滕晓东和宋国荣，2021）。与社会发展的进程相似，财务决策发展也是由慢到快，第一个阶段耗时漫长，后续阶段则渐渐发力，发展迅速。

1. 入门阶段

在入门阶段，财务决策更多被视为会计的一个构成分支。会计并没有从财务中剥离出来，这个阶段属于入门阶段，即财会一体阶段。由于计划经济的背景，国家进行统一的收支管理，这个阶段的财务决策更多的是关于内部控制和成本管理方面的决策，财务既要对资金和资产的安全进行必要的管理，避免出现经济问题，又需要为提升经营业绩而降低成本。因此在这个阶段，成本管理普遍受到企业的重视，多数企业的成本管理做得较好。

2. 专业分离

自改革开放以来，我国社会发生了翻天覆地的变化，企业的经营目标也随之改变。随着市场经济的推行，企业的目标开始转向如何提升自身业绩来获取更多利润。此时，会计人员的地位也有较大的提高，从"记账先生"的角色开始转向企业的"军师、幕僚"的角色，为企业的经营管理决策出谋划策。在此阶段，财务组织发生了重大变化。企业开始分设会计部门与财务部门，提高了财务工作的专业性。随着财务管理范畴的逐渐扩大，此时的财务决策涵盖了成本控制、绩效管理、预算管理等多个方面。同时资金管理也逐渐从财务管理的领域分离出来，很多企业在财务、会计部门之外另设了资金管理部门。基于上述变化，可以看到在此阶段已经开始出现财务组织的专业分离趋势。因此，此阶段称为专业分离阶段。

3. 战略、专业、共享、业财四分离

这个阶段是财务领域迅速发展、积极变革的关键阶段。关于这个阶段的专业分离市面上有两种说法：一种是在国外流行并引进的战略、专业、共享、业财四分离的概念。在初级阶段，财务组织中占比较大的是基础作业；而在中级阶段，管理支持的比例较大。受到这种思想的影响，国内外很多企业开始建设财务共享服务中心（financial shared service center，FSSC）推动业财融合，最直接的影响就是把基础作业划分到财务共享服务中心。另一种就是三分离的概念，三分离是将共享财务、专业财务与战略财务分离。从专业领域来说，战略财务与专业财务还是存在较大差异的，分离后两者的职责更加明确。战略财务主要负责集团或母公司的经营、成本控制、预算、考核等领域，而专业财务则负责会计报告、资金、税务等内容。

财务共享是会计运营的大工厂，业务财务是连接战略财务与专业财务的枢纽，战略、专业、共享、业财四分离的出现提升了财务格局的层次，目前国内大中型企业基本都按照这种模式建设财务团队，且成效显著。

4. 外延扩展阶段

与之前阶段相比，财务变得不再那么保守，而是积极寻求自我突破。由于高级阶段是在上一阶段的基础上进一步扩展财务工作的内涵，因此又被称为外延扩展阶段。随着移动互联网逐步趋于成熟、人工智能开始起步、大数据的概念得到普及，技术带来的变革使财务工作的目的发生了变化。在高级阶段，战略财务开始研究如何利用大数据来进行经营决策分析，为企业的财务决策提供信息支撑，财务决策开始上升到智能决策的阶段。而专业财务开始关注管理会计的作用，管理会计逐渐在组织之中变得相对独立。共享财务变得更加多元，开始向服务外包、商旅服务、价值链财务拓展。而智能化时代的到来，让财务信息化在业务组织中变得尤为重要，未来财务信息化将会进一步进化，以推动财务决策的智能化发展。

随着财务决策进入高级阶段，财务决策需要具备更高的灵活性和创新性以满足务管理工作的不同需求。而传统的刚性财务决策已经无法满足智能时代财务决

策的需求，财务决策需要更多的"柔性"。所谓"刚性管理"，它是一种以工作为中心，强调规章制度的管理模式。刚性管理最具代表性的理论则是泰勒（1911）的科学管理理论。这一理论将人看作"经济人""机器的附件"，它强调组织权威与专业分工。泰勒认为，由于组织内部各要素之间联系非常复杂，经常是多维度、多层次的，所以在管理实践中，组织应注重以严格的管理制度为主。在管理工作中很多地方都体现了刚性管理的思想，如组织中严格的等级制度、信息系统中缺乏变通的架构与执行方式等（弗雷德里克·泰勒，2021）。刚性管理自有其存在的价值，不能一味地否定，只是需要思考如何把控刚性的度，避免过刚而折，当刚性达到一定限度时，需要适时引入柔性，达到刚柔并济。"柔性管理"是相对于"刚性管理"提出的。柔性管理是一种"以人为本"的人性化管理模式，不再将人看作"经济人"，而是看作"社会人"，这种观念的转变，把泰勒将人视作"机器人"的思想转向关注人的主观能动性。柔性管理的思想主张采用非强制的制度在员工心中能够产生一种潜在信服力，并以此来约束员工的行为。其与刚性管理最大的差别是，柔性管理有明显的内在驱动性，它依赖于员工内心激发的主动性，而不是权力和影响力。

从本质上来说，柔性管理是一种对"稳定和变化"同时进行管理的新战略，它以思维方式从线性到非线性的转变为前提，强调管理跳跃与变化、速度与反应、灵敏与弹性，它注重平等和尊重、创造和直觉、主动和企业精神、远见和价值控制，它依据信息共享、虚拟整合、竞争性合作、差异性互补等实现知识由隐性到显性的转换，为企业创造与获取竞争优势。

财务决策的正确性、及时性和有效性关系到企业未来的发展。随着计算机和互联网技术的发展，为了提高决策效率和准确性，为决策者提供必要的辅助，财务决策支持系统应运而生并不断发展和完善。

目前，财务决策已经发展到了智能化、柔性化的程度。但是，当前的财务决策支持系统在数据获取和非结构化问题解决等方面仍存在许多缺陷，主要发挥数据库和计算器的功能，无法自动筛选可能与财务决策相关的信息或提供区别化和有针对性的决策建议，因而无法完全满足管理者的需要。要解决这些问题，财务决策支持系统的智能化是必然途径，而人工智能发展至今拥有的深度学习和自主学习、自然语言处理、数据挖掘以及推理感知等功能，为财务决策支持系统机制和实施路径的完善提供了新的、具有可行性的思路，智能财务决策应运而生。

1.1.2　智能决策的内涵

智能决策凭借一系列数字技术，完成对现有海量数据的规范化处理，最后通过数据可视化、文本分析等技术预测分析数据，帮助企业处理预算筹资决策、投资决策、分配决策、销售决策、生产决策、成本控制决策、利润分配决策、风险管理等一系列流程的问题。

1. 智能决策的概念

智能决策是计算机、人工智能和管理类财会学科的结合，是近年来计算机信息系统技术的最新发展。一方面，通过人工智能对话方式，为决策管理者提供一个将知识性、主动性、创造性和信息处理能力相结合，定性与定量相结合的工作环境，旨在支持决策工作，帮助提高高层管理者的决策能力和水平（张庆龙，2019）。大数据处理与数据爬虫挖掘技术的发展，使企业大数据处理能力得到了大幅度提升。另一方面，人工智能（artificial intelligent）与专家系统（expert system）的兴起和发展，促进了现代财务管理从信息化、网络化向智能化方向发展。或者说，智能财务决策支持系统是企业财务信息化发展的趋势所在，它有别于以ERP等业务核算系统为主的传统企业信息化的发展特点（张庆华，2019）。

智能财务决策在动态和多维信息采集的基础上，能够对复杂问题进行自主识别、判断、推理并作出前瞻性和实时性的决策，同时又具备自优化和自适应的能力。智能财务决策能在问题识别、数据采集、模型构建、智能分析和反馈控制等决策步骤中提供全新的技术和方法支持，以提升财务人员发现问题、分析问题、解决问题的能力。首先，智能决策能将现实世界的数字通过数字化转为可以被理解的信息，然后借助于数据清洗、数据转换、数据挖掘、数据分析和数据可视化等数据处理技术，以及分布式存储和计算技术，通过建模、仿真等技术手段，洞察隐藏在数据中的知识。其次，智能决策还在知识库、专家系统、语义网络等知识表示方法的基础上，采用知识图谱贴切地描述现实世界业务的特点，将业务中的关键要素以及它们之间的关系进行描述，实现将技术化的数据转变为业务知识。最后，智能决策在以上业务知识的基础上为决策人员提供一系列的探索、分析和交互工具，最终使决策人员可以真正掌握数据、理解数据和应用数据。

2. 智能决策的特征

智能财务决策本质上仍然是财务决策，其主要特征表现在数据化、场景化、互联化和智能化。数据化为智能财务决策提供所需的各类数据，体现了数据导向，是基础条件；场景化为智能财务决策提供了特定情境，体现了问题导向，是实现路径；互联化为智能财务决策提供了跨界共享，体现了风险导向，是技术保障；智能化为智能财务决策提供了技术支撑，体现了结果导向，是目标方向（滕晓东和宋国荣，2021）。智能决策的主要特征如下所示。

（1）数据化。

数据化是指围绕需要解决的问题，通过收集数据、整理数据、分析数据最后以可视化的形式展现数据，这是信息技术与经济社会活动融合生成大数据的深刻认识和深层应用。与数字化强调将信息载体（文字、图片、图像、信号等）以二进制进行储存、传输、加工、处理和应用不同，数据化更强调对数据的收集、整理、分析与应用，注重对数据进行数据化管理。决策数据蕴含了现实世界、经济社会和管理决策等海量的片段记录，其中大多仍呈现出碎片化的特征，这些碎片化的信息在传统情况下使用效率低下。通过数据分析和数据探索，可以发现和分析数据中的潜在规律、识别异常点、提取有用信息，并从海量数据集中揭示隐藏的关系。随着信息技术、计算技术和分析技术的发展，使解读这些碎片化信息成为可能，这也为智能财务决策合理利用数据提供了一项新的技术、一类新的科研范式和一种新的决策方式。

（2）场景化。

场景是指通过解决人与情景之间的关系，分析需求和达成目标所需的条件来判断可能产生的认知与行为，通过设计手段达到预期目标。场景化就是根据特定的时间、特定的使用情景、为特定的人进行有针对性的个性化设计，通过用户的使用场景研究人与人、人与物之间的链接，去发现更多的机会点。

不同的决策内容其决策过程和决策方法不完全相同，智能财务决策也是一样，其通过业务发现缺失的数据资源，通过问题找数据。业务场景的丰富程度决定了大数据利用价值的深度和广度。所以在进行具体智能财务决策的过程中，首先要设计好有哪些业务场景，有哪些业务场景可以进行构造，又有哪些场景在目前的技术条件下不能构造，这些都直接决定了系统的功能实现。可见，业务场景的丰富程度决定了系统功能的强弱，而业务场景的丰富程度又取决于数据的积累程度，数据的积累程度不够，就需要首先解决数据的问题，解决完成这些场景需要的数据资源、数据渠道获取问题。

（3）互联化。

互联化也称互联网化，是指企业利用互联网（包含移动互联网）平台和技术从事的内外部商务活动，就是所有的商务虚拟对象与商务实体进行相互的联结，实现数据、实物的共享。随着云计算和互联网的发展，企业在业务的拓展和发展中，正逐步将内部的业务流程和外部的商务活动与互联网结合起来，从而有效提升企业整体的核心竞争力，这一趋势称为企业互联网化发展趋势。所谓"互联网＋"下的智能财务决策方法是将现代化的网络信息技术与决策方法相结合，创造出一种网络环境下的智能财务决策，并对传统财务决策方法的理念、思维、方法和组织结构产生影响。

（4）智能化。

智能化是指利用现代通信与信息技术、大数据和人工智能等先进科学技术针对性地发展某一特定方面或某一特定应用的过程与趋势，是对数据系统、信息系统以及专家系统的综合利用与统筹，它是一种全局性的概念，是现代人类社会发展的大趋势之一。财务决策智能化就是运用大数据、云计算、人工智能以及区块链等先进技术工具，围绕"流程自动化、管理任务化、数据可视化"，从数据的采集开始，到数据的整合、分析，再到形成合理的财务决策结束，贯穿了财务决策的全过程。

1.2　智能决策的原则与优势

智能财务决策体系需要依托于智能会计技术体系所生成的动态性数据，并且在更加智能的层面展开财务决策的相关分析，其遵循智能化、及时性、业财管融合、动态性原则，有着优化决策流程、降低成本、优化财务人员结构、优化运行流程、提高效率等优势。

1.2.1　智能财务决策的原则

智能财务决策的原则主要包括智能化原则、及时性原则、业财管融合原则和动态性原则。智能财务决策的原则是在智能化技术的支持下，实现决策的及时性，并通过融合业务和财务数据，使企业的决策更加准确和全面。

　　智能财务决策强调借助智能手段，如人工智能、大数据分析、机器学习等技术，来进行数据处理、信息分析和财务决策支持。通过智能化技术，决策系统能够自动化地获取、处理和分析大量隐藏的财务数据，估算并发现其中的规律和趋势，提供更准确、可靠的决策建议。

　　智能财务决策强调决策的及时性。及时获取准确的财务信息和业务数据，以便管理者作出正确的决策。通过实时收集和分析财务数据，智能财务决策系统能够及时告知管理者最新的财务状况和业务运营情况，从而可以针对市场的变化作出快速、明智的决策。

　　智能财务决策强调财务与业务的融合，以及财务与管理的融合。在此原则下，企业将业务流程、会计核算流程和管理流程相互融合，全面的财务和业务数据通过整合总体数据，财务决策系统能够更好地了解业务和财务之间的关联性，从而作出战略性的决策，优化资源配置、提高经营效率和利润。

1. 智能化原则

　　智能化原则意味着财务决策要降低人在基础财务活动中的作用，依靠人工智能、云计算、区块链等各种数据的处理和获取技术使企业汇集海量的财务数据，同时依托实时分析来提高数据的处理效率。智能化是指利用现代通信与信息技术、大数据和人工智能等先进科学技术针对性地发展某一特定方面或某一特定应用的过程与趋势，是对数据系统、信息系统以及专家系统的综合利用与统筹，它是一种全局性的概念，是现代人类社会发展的大趋势之一。财务决策智能化就是运用大数据、云计算、人工智能以及区块链等先进技术工具，围绕"流程自动化、管理任务化、数据可视化"，从数据的采集开始，到数据的整合、分析，再到形成合理的财务决策结束，贯穿了财务决策的全过程。

　　数据采集建立在智能财务决策信息平台之上，通过公司内部的基于财务、市场、生产工程技术等部门的数据网络，大量收集企业数据。这里的数据并不限于财务数据，而是将各个部门孤立的数据利用系统进行联合，组成完整的财务决策所需要的信息。数据整合则是利用大数据思维和财务决策专家思维，对采集的数据进行整理与再加工，对多维度、多形式的大量相关或无关的、复杂的、零散的数据，按照决策思维整合到一起。规定数据来源、设定数据标准，财务决策的目的不同，对于数据的整合也不尽相同，同套的数据库根据不同的目的以及关联度将数据进行不同程度的筛选与汇总，从而保证数据易用、好用、精确完整且有针对性。数据分析不同于传统的专业化分析，人工智能可以根据财务决策的目的，采用图表和文字的方式，综合资产负债、现金流量、企业规模等基本数据，为非财务专业人员提供通俗易懂的决策信息，形成智能化的智能财务决策信息平台。数据运用是智能化决策的核心，人工智能可以利用神经网络模拟人的思维，借助定量化的方式对数据进行分析，模拟专家的思维去形成决策结论，供管理者参考。

2. 及时性原则

智能财务决策系统是一种强调及时决策的系统，它借助各类智能化手段，能够在财务全流程中实时掌握数据的动向，并对每个阶段的财务数据进行有效的分析，以发挥其作用。通过智能决策辅助系统，各个时点的数据可以被抽取、汇总并进行分析，从而形成决策的依据，解决财务决策总是滞后于会计信息生成的问题。

这种智能财务决策系统采用了先进的技术，包括人工智能、大数据分析、机器学习等。它能够实时监控财务数据的变化，并快速做出预测和分析，帮助企业高效地作出决策。智能化的数据处理和分析能力，让企业能够更加灵活地应对市场变化和业务需求。

通过智能财务决策系统，企业能够在更短的时间内获取准确的财务信息，而不必等待传统会计报表的生成。这样一来，决策者可以更早地了解企业的财务状况和经营表现，及时发现潜在问题，并采取相应的措施。这对于企业的稳健经营和发展至关重要。

此外，智能财务决策系统还能够帮助企业更好地利用财务数据，及时发现业务运营中的潜在机会和优化点。通过深度分析和挖掘数据，企业可以更快更好地作出更明智的财务决策，有效地控制成本、提高效率，并在竞争激烈的市场中取得优势。

3. 业财管融合原则

智能财务分析与决策功能的实现促使企业形成财务与业务融合的观念，这意味着将企业的业务流程、会计核算流程和管理流程相互融合，使销售、生产、费用处理、税务处理、财务决策分析这种融合的理念最大限度地实现了数据的共享和互通，使财务部门能够更加高效地获取并分析与业务相关的数据，从而将财务人员从烦琐重复的劳动中解脱出来，使他们能够更加专注于管理分析、风险监控和识别等战略性工作上。

通过智能分析与决策功能的应用，企业可以将各个部门的数据整合起来，形成全面的财务和业务数据视图。这样的数据融合和共享使财务部门能够更准确地了解企业的财务状况、业务运营情况以及突发事件风险，从而作出更明智的决策。此外，财务部门还可以通过对数据的深度分析，发现业务中的潜在机会和问题，为企业的战略规划和发展提供支持。

业务与财务的融合也有利于提高企业的运营效率和资源利用率。通过将各个流程的数据相互关联，企业可以更好地掌握业务和财务之间的关联性，从而优化资源配置、降低成本、提高盈利能力。同时，企业也能够更加准确地进行预测和规划，作出适应市场变化的战略决策。

此外，智能财务分析与决策功能的实现也有助于提升企业的风险管理水平。通过实时监控和分析数据，财务部门可以及时识别并应对潜在的风险和问题，从而降低企业的经营风险，并增强企业的抗风险能力。

总的来说，智能财务分析与决策功能的实现为企业提供了更先进、更高效的财务管理手段，推动了财务与业务的融合，从而使企业能够更加敏捷地应对市场挑战，实现持续的创新与发展。

4. 动态性原则

智能分析和决策体系的动态性基于以下三个方面的特点：收集信息的动态性、分析过程的动态性和生成决策建议的动态性。通过即时收集、实时生成的财务信息和各类财务指标以及动态调整的阈值体系，就可以通过人工智能的自我学习功能实时抽取数据组成企业决策所需要的各类报告并提供初步的决策支持信息，以便管理者进行进一步的分析和决策。

首先，收集信息的动态性。系统能够即时收集企业的财务数据和指标，包括债务、成本、利润等，这些数据是实时更新的，可以帮助管理者随时了解企业的财务状况。其次，分析过程的动态性。系统可以根据不同的业务情况和变化，灵活调整分析模型和算法，以确保对财务数据进行准确深入的分析。这种灵活性使分析结果能够适应不同的业务场景和需求。最后，生成决策建议的动态性。通过人工智能的自我学习功能，系统能够不断优化决策体系的生成过程，制定更精准和高效的决策体系。系统不仅可以提供基础的决策支持信息，还可以根据决策者的反馈和决策结果，不断提高建议的准确性和实用性。

综上所述，智能财务分析和决策体系的动态性使企业能够实时掌握财务数据和业务情况，并根据不同的需求和变化作出相应的决策。这种动态性为企业管理者提供了充足的支持，使他们能够更好地应对市场挑战并抓住商机，实现企业的可持续发展。

1.2.2　智能财务决策的优势

智能决策通过自动收集、处理和分析大量财务数据，使决策过程更高效、管理者更迅速地作出明智决策，推动企业应对市场变化和抓住商机。

智能财务决策系统的自动化功能可以减少人工参与和手工操作，降低企业运营成本。财务人员可专注于更高价值的工作，提高工作效率，降低人力资源成本。智能财务决策系统代替初级、重复性的工作，减少初级人员数量，同时需要更多具备数据分析和决策支持能力的高级财务人员，从而实现财务人员结构的优化。智能财务决策系统可以提高处理数据和信息的效率，优化整个财务运行流程，加快财务报表生成、审计和预算编制等工作，提升运营效率。快速的数据分析和准确的预测能力可以使企业更加迅速地应对商机和挑战，增强企业的竞争力和市场认知。

1. 决策流程优化

智能会计在决策过程中起到了有效的辅助作用，可以更好地提高决策的效率。智能会计辅助下的财务分析体系可以通过设定智能财务分析模块来实现会计系统中数据的实时传输。通过动态信息的变化，管理者可以发现与财务决策对应的信息的动态变化，并且根据软件的集成和数据的挖掘体现这些动态信息对于决策的调整作用。同时，智能财务决策能够根据已经获得的信息进行未来的模拟推演，帮助企业构建智能化的决策模型。此外，财务决策的流程优化还体现在决策的过程与会计信息的实时收集相结合。借助数据技术，企业随时可以积累大量的数据，适时调整决策模型中的参数，引入动态的政策变动影响，优化财务决策体系的外部适应性，这将进一步提升企业的管理弹性所带来的价值，增加企业进行财务管理活动带来的优势。

2. 降低成本，优化财务人员结构

借助于智能会计的技术体系，会计处理的过程下沉突出表现为会计基础信息的生成依靠机器解决，人力的作用更多地集中于监督、决策和决策过程之后的反馈。智能会计体系下企业在财务领域的成本将更加具有价值，体现在加大了技

术、软件等技术资本的投入，并且提高了对于财务分析人员的要求，在节约初级财务人员劳动力成本的同时，实现了整体财务人员的升级。

在智能会计系统下，会计基础信息的生成不再依赖于人工处理，而是由机器智能完成，这使会计处理的过程更加高效和准确。智能会计体系将人力的作用从烦琐的数据录入和处理中解放出来，更多地集中于监督、决策以及决策过程之后的反馈。财务人员可以将更多的精力投入财务分析、数据解读和战略规划中，这样的转变使财务人员的工作更加具有战略性和创造性，能够为企业提供更有价值的财务决策支持。

在智能会计体系下，企业在财务领域的成本将增加。首先，企业需要加大对技术、软件等智能会计技术资本的投入。这些技术的引入和应用，使财务处理更加自动化和标准化，提高了工作效率和准确性，从而降低了企业的运营成本。其次，智能会计体系对财务分析人员的要求更高。随着智能会计技术的发展，企业需要补充具有专业知识和数据分析能力的财务人员，以便更好地解读和利用智能会计系统提供的数据，为企业的决策建议和战略规划提供更高层次的指导。最后，智能会计系统也促使企业在财务人员的配置上进行升级。虽然智能会计系统可以降低初级财务人员的劳动力成本，但对于高级财务人员和数据专家的需求将会增加，企业将更加重视培养和吸引高素质的财务人才。

综上所述，智能会计系统的应用可以使企业通过技术资本的投入和财务人员的升级，更好地利用智能会计系统带来的优势，提升财务管理的优势水平，实现更高效、准确和战略性的财务决策。

3. 运行流程优化，效率提高

伴随 OCR[①]、移动通信、云计算、区块链等技术的成熟，智能会计在财务管理中发挥着越来越重要的作用。这些先进技术的应用，不仅实现了财务信息的自动收集，还使企业的各个环节实现了自动监控，如商品采购、销售、售后处理、生产原料储存、领用等，从而降低了过去集团会计信息中心化的问题，使数据的传输呈现出更高的效率和准确性。

智能会计在数据处理过程中更加注重企业各类信息处理的效率、效益和智能化程度。借助神经网络、规则引擎、数据挖掘等技术，智能会计能够自动实

---

① 光学字符辨识（optical character recognition，OCR）是指对文字资料的图像档案进行分析辨识处理，获取文字及版面信息的过程。

现财务预测、决策的深度支持。这意味着系统不仅能够根据历史数据做出准确的预测，还可以根据实时数据进行快速决策支持。智能会计系统的标准化程度使企业能够更快速、更准确地作出决策，有助于提高财务管理的水平和效率。

这一阶段的再造不仅涉及流程和组织层面，而且更深层次地影响了企业的管理模式和管理理念。智能决策的引入使企业更加注重数据驱动决策，不再依赖传统的经验和直觉。通过智能决策技术的支持，企业能够更加灵活、敏捷地应对市场变化，更加准确地作出决策，从而推动企业实现更高效、创新的发展。

智能决策的应用使运行流程优化、效率提高。首先，自动化的数据收集和处理使财务信息更加准确可靠，降低了错误和漏洞的风险。其次，智能化决策支持使企业能够作出更明智的决策，优化资源配置，提高经营效率和盈利能力。最后，智能会计的标准化程度和管理模式再造，通过创新经营模式，实现了底层经营理念改善，进而提升了效率。

1.3   本章小结

本章主要从智能决策的起源出发，介绍了智能决策的概念与特征、原则与优势。通过学习这一章节，读者可对智能决策的整体产生一个认知。随着人工智能、大数据等技术的发展，协助做出财务分析和战略决策的智能决策系统必然能为企业管理经营人员提供更有价值的决策信息。

 思 考 题

1. 什么是智能决策？

2. 相比于传统财务决策，智能决策有什么优势？

3. 智能财务决策的动态性体现在哪里？

思考题要点及讨论请扫描以下二维码：

智能决策的技术基础

 本章重点

1. 了解智能决策所涉及的各项技术基础。
2. 熟悉各项基础技术的概念与特征。
3. 了解各项技术基础所涉及的关键技术。
4. 理解各项基础技术赋能智能决策的具体过程。

 案例导入[*]

　　数字化转型大潮下，构建以用户为中心的数据驱动＋智能算法双轮驱动体系无疑已成为业界的共识方向。目前腾讯内部在多维内容理解、算法场景化优化以及联邦推荐等方面做了多年大量投入，有力赋能到内部众多业务的增长中。用户数据驱动的推荐算法已经成为强大生产力，如微信视频号今年借助千人千面的全链路实时化推荐系统实现了逆势增长。腾讯云大数据智能分析平台是一款基于云计算和人工智能技术的智能分析指导决策软件系统。该系统可以通过数据挖掘、机器学习等技术，为用户提供高效的数据分析和决策支持。此外，腾讯云大数据智能分析平台还具有高效率、高可靠性、丰富的数据处理方式等优点。

　　智能决策是组织或个人综合利用多种智能技术和工具，基于既定目标，对相关数据进行建模、分析并作出决策的过程。智能决策之所以受到领先企业的关注和追捧，不仅是因为能够为企业带来快速的收益，还源于其机器学习和运筹优化的关键技术，既可以根据数据为业务作出预测，又可以针对业务场景问题进行理解及分析建模，进而得出最优解，两者深度融合可以为企业提供有依据、可解释

---

　　* 详细案例和进一步讨论，请访问链接网址：http://zhongqishuzhi.com；或扫描章后二维码。

的决策方案，并逐渐摸索出整个业务数智化升级的方向和步骤。智能决策技术基础主要包括大数据、云计算、算法和人工智能，本章将依次对其概念与特征、关键技术以及如何赋能智能决策展开介绍。

2.1　大数据

大数据（big data）又称巨量资料，是指传统数据处理应用软件不足以处理的大或复杂的数据集①。本节将从概念与特征、关键技术以及如何赋能智能决策对大数据进行介绍。

2.1.1　大数据的概念与特征

近年来，"大数据"一词被人们津津乐道，多数人认为大数据就是大量的数据，大数据技术是海量数据的存储技术。其实不然，大数据是指无法在一定时间范围内用常规软件工具进行捕捉、管理和处理的数据集合。简而言之，大数据就是利用新的手段存储并分析海量数据，挖掘其数据价值的过程，有其显著的特征。

1. 大数据的概念

大数据（big data），IT 行业术语称之为巨量数据集合。研究机构高德纳（Gartner）给出了这样的定义："大数据"是需要新处理模式才能具有更强的决策力、洞察发现力和流程优化能力来适应海量、高增长率和多样化的信息资产。麦肯锡全球研究所（Mckinsey）给出的定义是：一种规模大到在获取、存储、管理、分析方面大大超出了传统数据库软件工具能力范围的数据集合，具有海量的数据规模、快速的数据流转、多样的数据类型和价值密度低四大特征。国务院发布的《促进大数据发展行动纲要》指出：大数据是以容量大、类型多、存取速度快、应用价值高为主要特征的数据集合，正快速发展为对数量巨大、来源分散、格式多样的数据进行采集、存储和关联分析，从中发现新知识、创造新价值、提升新能力的新一代信息技术和服务业态。本书认为，大数据是一种技术、

---

① 什么是大数据？［EB/OL］. 知乎，2019 – 08 – 20.

一种产业、一种资源，是一种理念和一种思维方式，也可以说是一个时代。大数据已经融入了经济社会发展的方方面面，各行各业都可用大数据来改进、推动工作，通过大数据的技术分析预测未来，改变工作的方式，提高资源配置的效率。

2. 大数据的特征

根据大数据的产生范围、发展速度、应用价值，可将大数据的特征区分为巨量性、多样性、实效性与价值性四个方面。

（1）巨量性（volume）。

大数据处理的是普通计算机和常规软件无法应对的海量信息。随着互联网的崛起，人们处理数据的量级从 GB 上升到 TB，再到 PB 甚至 EB。英特尔创始人戈登·摩尔提出了"摩尔定律"之后，随着信息技术的升级，数据量级呈现几何级数增长趋势，人们对于海量数据的处理能力达到了前所未有的水平，从中发现新知识、创造新价值。

（2）多样性（variety）。

大数据时代处理的数据包括结构化数据和非结构化数据，过去人们处理的大多都是结构化数据。目前全世界 75% 的数据都是非结构化数据，如 Office 文档、图片、音频、视频文件。除此之外，人们在互联网上生产数据，如发推特、微博和微信，记录自己的活动和行为（行为数据），数据的大爆炸使大数据呈现出多样化的特征。

（3）实效性（velocity）。

互联网每一秒都在产生大量的数据，但实际上往往只有很少一部分数据是我们需要的，这要求能够快速地从海量数据中挖掘出有价值的信息，只有数据的处理速度大幅提升，才能将大数据应用到更多的场景中去。云计算的出现极大地支撑了大数据的广泛采用，2014 年，美国零售巨头亚马逊宣布了一项新专利：预判发货。网购时顾客还没有下单，亚马逊就将包裹寄出，依据是顾客之前的消费记录、搜索记录和心愿单，亚马逊通过预测，借助算法自动发货，实现了智能化。

（4）价值性（value）。

"价值"是大数据的核心特征。大数据的价值特征表现为价值密度低、商业价值高：价值密度低是指在数据呈指数增长的同时，隐藏在海量数据中的有用信息并未按比例增长；商业价值高是指从大量不相关、多类型的数据中找到相关关系，从而预测未来趋势，阿里巴巴公司凭借长期以来积累的用户资金流水记录、涉足金融领域的资金往来，几分钟之内就能判断用户的信用资质，以确定是否为其发放贷款。

2.1.2　大数据的关键技术

大数据的发展和应用需要一些关键技术的支撑。这些关键技术主要包括数据挖掘技术、无线通信技术和人工智能技术①。

1. 数据挖掘技术

数据挖掘主要是指从大量不同类型和构造较为烦琐的数据中，收集一些具有价值的信息和知识。其将数据作为立足点，可以运用挖掘算法对数据中具有价值的知识进行应用。以教育行业为例，将数据挖掘技术应用到教育大数据之中，能够对于学生的课堂表现情况以及学习爱好和生活习惯形成了解，使教师更加规范地进行教学，为教育部门教学评价的顺利开展提供支持。对教育数据进行挖掘，能够对管理工作的开展、教师教学、学生学习和研究技术工作起到非常关键的作用。

2. 无线通信技术

原理上，通过直接挖掘无线大数据中蕴含的规律，可以得到比普适模型更符合真实通信环境的模型，从而帮助系统作出更优的决策或判决。然而，无线通信系统的固有特殊性使无线大数据也具有分布式、高时效、强异构的特征，导致传统的大数据处理方法难以直接应用。因此，有必要开展无线大数据的基础理论研究，通过研究无线大数据的特征，提出适应无线通信需求的大数据分析和应用范式，并揭示无线大数据的潜力。

3. 人工智能技术

通常来讲，人工智能技术大致划分为三个层级，即弱人工智能层级、强人工智能层级以及超人工智能层级，弱人工智能层级需要应对的是数据的计算方面的问题，依照人工定义的规则进行执行，使用的多数是与 AI 的剪枝理论相关的优化方案，运用云计算技术的平台进行大数据信息的存储，实现并行计算的操作。

①　大数据关键技术有哪些［EB/OL］. 点亮工场，2021 – 11 – 29.

强人工智能层级需要应对的主要是在受限的环境中感知信息的能力，表现为传感环境信息、听到和看到的功能的实现，当中包含以传感器装置为核心的物联网相关技术等科技。而超人工智能层级需要应对的问题是在没有受限的环境中进一步认知的能力，实际表现为能够实现听得懂并且可以实现互动的功能，核心的技术即为自然语言理解能力、知识系统图谱的搭建以及与推理功能相关的技术。

2.1.3　大数据技术赋能智能决策

依托于云计算的大数据环境深刻影响着企业决策信息收集、决策方案制定以及方案评估等过程，使决策环境发生了显著的变化，同时大数据视域下的企业管理决策表现出了鲜明的数据驱动特征，即数据驱动业务发展，为业务改良与创新提供积极可靠的导向。任何企业的管理决策都不是一项简单的工作，在决策过程中，管理者需要对企业的发展和行业状况进行全面的分析和了解。在传统的企业管理决策中，对行业的管理认识是通过对一些文件和企业经营数据的分析来理解的。这些文件和数据，即企业管理决策数据，由于信息量大、信息隐藏深，如果没有一定的专业性和前瞻性，很难迅速从其中找到有效数据。随着大数据技术的发展，数据的采集、存储和分析变得更加简单方便，在科学全面的数据支持下，管理者可以在更短的时间内分析更多的行业信息数据，从而进一步保证决策数据的准确性和可靠性，帮助管理者作出更好的企业管理决策①。

在企业风险管理方面，企业管理可以利用大数据对企业的发展做出全面的分析。通过对企业长期利润数据和销售数据的分析，对企业的发展趋势进行综合比较；结合行业市场情况，分析企业未来的发展方向；通过比较企业内部数据和财务数据，可以有效监控企业内部的财务风险和操作风险，更大限度地保证企业经营的稳定性。管理层可以利用大数据技术进一步加强对企业风险的管控，确保企业的长期稳定发展。大数据技术的作用不仅体现在表面数据的分析上，而且还体现在可以帮助管理层更好地应用数据。通过对数据的综合比较，结合行业发展情况，可以有效地计算出客户偏好、潜在客户分布以及行业发展趋势，从而保证企业决策更加灵活，为行业发展提供指导，这对企业的帮助很大。

---

① 大数据对企业管理决策的影响［EB/OL］. 长财咨询，2021－11－02.

2.2 云计算

云计算（cloud computing）是基于互联网的大规模分布式计算技术，是一种全新的能让人们方便、自助地使用远程计算机资源的模式（张玉明，2013）。本节将从云计算的概念与特征、关键技术以及如何赋能智能决策对云计算进行介绍。

2.2.1 云计算的概念与特征

云计算是继互联网、计算机后在信息时代又一种新的革新，云计算是信息时代的一个大飞跃。对于一家企业来说，一台计算机的运算能力是远远无法满足数据运算需求的，那么就要购置一台运算能力更强的计算机，也就是服务器。而对于大企业来说，一台服务器的运算能力显然也是不够的，那就需要企业购置多台服务器，从而造成购置成本过高，为了有效降低这种成本，云计算的概念便应运而生了。

1. 云计算的概念

通常关于"云"，指的就是"云计算"。"云"通过网络"存储"和"计算"，从有形的产品变为无形的、可以配送的服务，对于企业而言意味着不用投入大量的资金购买服务器和软件。小企业通过租用"云"就可以享受到以前只有大公司才能购买、装配的软硬件能力（涂子沛，2014）。根据美国国家标准与技术研究院（NIST）的定义，云计算是一种按使用量付费的模式，该模式提供可用的、便捷的、按需的网络访问，进入可配置的计算资源共享池（网络、服务器、存储、应用软件、服务），这些资源只需要投入很少的管理工作，本质上是通过网络按需提供 IT 资源。

2. 云计算的特征

"云"支持方便、按需地通过网络访问可配置计算资源的共享池，其具有规模化、虚拟化、自助化和低成本化的特征。

（1）规模化。

规模化是指"云"的规模大、用户的访问量大。Amazon、IBM、微软、苹果等公司的"云"动辄拥有几十万台服务器，一般企业的私有云拥有数百台服务器，用户可以随时随地使用任何云端设备接入网络并使用云端资源。

（2）虚拟化。

虚拟化是指云计算支持用户在任意位置、使用任意终端设备获取服务，云计算采取虚拟化技术，用户并不需要关心硬件情况，只需要选择云服务提供商，注册账号登录云控制台，购买和配置所需要的服务即可。

（3）自助化。

自助化是指用户根据实际需要来购买云服务，并且根据使用量进行精准计费，这不仅可以节省大量费用，而且提高了网络资源的利用率。

（4）低成本化。

低成本化是指企业采用云计算部署数据资源，实际上远远比传统的数据中心部署服务器简单方便，由于"云"的规模可以动态伸缩，满足应用与用户规模的增长，可根据用户数量规模进行弹性管理，在很大程度上节省了"云成本"。

2.2.2　云计算的关键技术

云计算的关键技术主要包括虚拟化技术、分布式资源管理技术、并行编程技术三个方面[①]。

1. 虚拟化技术

云计算的虚拟化技术不同于传统的单一虚拟化，它是涵盖整个 IT 架构的，包括资源、网络、应用和桌面在内的全系统虚拟化，它的优势在于能够把所有硬件设备、软件应用和数据隔离开来，打破硬件配置、软件部署和数据分布的界限，实现 IT 架构的动态化，通过资源集中管理，使应用能够动态地使用虚拟资源和物理资源，提高系统适应需求和环境的能力。

对于信息系统仿真，云计算虚拟化技术的应用意义并不仅仅在于提高资源利用率并降低成本，更大的意义是提供强大的计算能力。众所周知，信息系统仿真是一种具有超大计算量的复杂系统，计算能力对于系统运行效率、精度和可靠性影响很大，而虚拟化技术可以将大量分散的、没有得到充分利用的计算能力，整合到高负荷的计算机或服务器上，实现全网资源的统一调度使用，从而在存储、

---

① 边进辉. 云计算的关键技术点［EB/OL］. 本地惠生活，2021 – 12 – 16.

传输、运算等多个计算方面达到高效。

2. 分布式资源管理技术

信息系统仿真在大多数情况下会处在多节点并发执行环境中，要保证系统状态的正确性，必须保证分布数据的一致性。为了解决分布数据的一致性问题，计算机界的很多公司和研究人员提出了各种各样的协议，这些协议即是一些需要遵循的规则，也就是说，在云计算出现之前，解决分布数据的一致性问题是靠众多协议的。但对于大规模，甚至超大规模的分布式系统来说，无法保证各个分系统、子系统都使用同样的协议，也就无法保证分布数据的一致性问题得到解决。云计算中的分布式资源管理技术圆满地解决了这一问题。Google公司的 Chubby 是最著名的分布式资源管理系统，该系统实现了 Chubby 服务锁机制，使解决分布一致性问题不再仅仅依赖一个协议或者是一个算法，而是有了一个统一的服务。

3. 并行编程技术

云计算采用并行编程模式。在并行编程模式下，并发处理、容错、数据分布、负载均衡等细节都被抽象到一个函数库中，通过统一接口，用户大尺度的计算任务被自动并发和分布执行，即将一个任务自动分成多个子任务，并行地处理海量数据。

对于信息系统仿真这种复杂系统的编程来说，并行编程模式是一种颠覆性的革命，它是在网络计算等一系列优秀成果上发展而来的，所以更加淋漓尽致地展现了面向服务的体系架构（SOA）技术。可以预见，如果将这一并行编程模式引入信息系统仿真领域，定会带来信息系统仿真软件建设的跨越式进步。

2. 2. 3　云计算技术赋能智能决策

随着数字时代的来临，大数据和云计算的结合使数据的收集、存储和处理更加高效和便捷。通过云计算的弹性和可扩展性，企业可以轻松处理海量的数据，并快速进行分析和决策。同时，大数据的挖掘和分析也可以帮助企业发现隐藏在数据背后的商业机会和趋势，为业务发展提供重要支持。大数据和云计算的结合也为创新提供了新的可能性。云计算的灵活性和成本效益使创业公司和初创企业能够以较低的成本和风险进行实验和创新。而大数据的分析和洞察则能够帮助企业发现新的市场需求和用户行为，从而开发出更具竞争力的产品和服务。云计算的存储和计算能力以及分布式结构，为大数据的商业模式提供了实现的可能。云计算提供了这些价格低廉的基础设施，使用户能够按照需求获得相应的服务，云计算的分配机制满足了大数据系统中海量、多种类型数据的存储和计算要求，使大数据的实现成为可能。云计算能够对从生产到消费全过程的数据进行分析，通过跟物联网、大数据、人工智能等技术的结合，云计算技术对数据进行存储、计算、分析，真正实现用数据辅助决策，从而让行业的发展数字化、智慧化①。

　　云计算环境是一种完全开放的服务环境，具备强大的存储力和计算力，这正是智能决策支持系统发展的核心问题，通过云计算环境中拥有的海量决策信息和强大的决策处理能力，能够为各种用户提供计算与决策支持。云计算环境下包括计算资源、存储资源、通信资源、软件资源、服务资源、信息资源、知识资源等，这些丰富多样的资源能从硬件平台、软件工具、信息等各方面给用户提供强有力的支持。在云计算平台上，各种资源的异构性被屏蔽，可以被统一管理和调度，为用户提供按需服务。云计算还可以增强智能决策支持系统处理海量数据的能力。云计算将任务分布在大量由计算机构成的资源池上，使以前在单台计算机上无法完成的决策处理任务，通过任务分解进行资源池上的并行计算即可高效、准确地完成。此外，云计算具有可动态扩展和配置的特性，可以根据用户的需求动态划分或释放不同的物理和虚拟资源，迅速、弹性地提供决策服务。智能决策最大的价值，是可以充分调用数据，并利用机器学习的能力，寻找出潜在的模式、隐匿的风险，帮助各个行业快速而精准地解决商业问题。云计算不但能快速扩展，还可以快速释放实现快速缩小，来满足用户不断变化的需求。随着数字经济的不断推进发展，云计算潜力被挖掘，且逐渐渗透到各个领域。比如，云计算可以为人工智能的发展提供足够多的数据与足够强大的计算服务，打破人工智能在深度学习领域的瓶颈，促进人工智能的发展。在智慧城市建设方面，云计算可以统筹海量终端、按需控制、共享资源等，满足智慧城市建设过程中涉及的海量电子终端与网络数据②。

───────────────

　　①　解锁潜力，驭数赋能：大数据与云计算的强强联合［EB/OL］．西安城市开发者社区，2023 - 07 -
20.
　　②　智观天下｜中国云计算为数字经济深度赋能［EB/OL］．中国经济时报，2022 - 08 - 27.

2.3 算法

算法（algorithm）是指一个被定义好的、计算机可施行其指示的有限步骤或次序，常用于计算、数据处理和自动推理。本节将从算法的概念与特征、主要类型以及如何赋能智能决策对算法进行介绍。

2.3.1 算法的概念与特征

关于算法的起源，可以追溯到我国古代公元前 1 世纪的《周髀算经》，它是算经的十书之一，原名《周髀》，主要阐述古代中国的盖天说和四分历法。在唐朝的时候，此书被定为国子监算科的教材之一，并改名为《周髀算经》。算法在我国古代称为"演算法"。《周髀算经》中记载了勾股定理、开平方、等差级数等问题，其中用到了相当复杂的分数算法和开平方算法等。在随后的发展中，出现了割圆术、秦九昭算法和剩余定理等一些经典算法。在西方，公元 9 世纪波斯数学家花拉子米（Al – Khwarizmi）提出了算法的概念。算法最初写为 algorism，意思是采用阿拉伯数字的运算法则。到了 18 世纪，算法正式命名为 algorithm。由于汉字计算的不方便，导致我国古代算法发展的比较缓慢，而采用阿拉伯数字的西方国家则发展迅速。例如，著名的欧几里得算法（又称辗转相除法）就是典型的算法。

在历史上，阿达·拜伦（Ada Byron）被认为是第一个程序员，1842 年她在巴贝奇分析机上编写的伯努利方程的求解算法程序虽然未能执行，但奠定了计算机算法程序设计的基础。后来，随着计算机的发展，在计算机中实现各种算法已经成为可能，算法在计算机程序设计领域又得到了重要发展。目前，几乎所有的程序员在编程时，无论采用何种编程语言，都需要与算法打交道。而大数据时代的算法技术，是依托海量内容、多元用户和不同场景等核心数据信息，进行自主挖掘、自动匹配和定点分发的智能互联网技术，可以为智能决策提供重要的技术支撑。

1. 算法的概念

算法是对解题方案的准确而完整的描述，是一系列解决问题的清晰指令，算法代表着用系统的方法描述解决问题的策略机制。算法中的指令描述的是一个计算，当其运行时能从一个初始状态和（可能为空的）初始输入开始，经过一系列有限而清晰定义的状态，最终产生输出并停止于一个终态。一个状态到另一个状态的转移不一定是确定的。

2. 算法的特征

算法具有以下五个重要的特征。

（1）算法有穷性（finiteness）。算法的有穷性是指算法必须能在执行有限个步骤之后终止。

（2）算法确切性（definiteness）。算法的每一个步骤必须有确切的定义。

（3）算法输入项（input）。一个算法有 0 个或多个输入，以刻画运算对象的初始情况，所谓 0 个输入是指算法本身规定了初始条件。

（4）算法输出项（output）。一个算法有一个或多个输出，以反映对输入数据加工后的结果。没有输出的算法是毫无意义的。

（5）算法可行性（effectiveness）。算法中执行的任何计算步骤都可以被分解为基本的可执行的操作步骤，即每个计算步骤都可以在有限时间内完成（也称之为有效性）。

2. 3. 2　算法的主要类型

大数据时代下关键的算法技术主要有以下 13 个[①]。

1. A* 搜索算法

A* 搜索算法——图形搜索算法，从给定起点到给定终点计算出路径。其中使用了一种启发式的估算，为每个节点估算通过该节点的最佳路径，并以之为各个地点排定次序，算法以得到的次序访问这些节点。因此，A* 搜索算法是最佳优先搜索的范例。

2. 集束搜索

集束搜索（beam search，又名定向搜索）——最佳优先搜索算法的优化。使

---

① 【算法大数据】大数据核心，关键的 13 个算法技术［EB/OL］. 网易订阅，2019 – 02 – 25.

用启发式函数评估它检查每个节点的能力。不过，集束搜索只能在每个深度中发现最前面的 m 个最符合条件的节点，m 是固定数字——集束的宽度。

3. 二分查找

二分查找（binary search）——在线性数组中找特定值的算法，每个步骤去掉一半不符合要求的数据。

4. 分支界定算法

分支界定算法（branch and bound）——在多种最优化问题中寻找特定最优化解决方案的算法，特别是针对离散、组合的最优化。

5. buchberger 算法

buchberger 算法——一种数学算法，可将其视为针对单变量最大公约数求解的欧几里得算法和线性系统中高斯消元法的泛化。

6. 数据压缩

数据压缩——采取特定编码方案，使用更少的字节数（或是其他信息承载单元）对信息编码的过程，又叫来源编码。

7. Diffie – Hellman 密钥交换算法

Diffie – Hellman 密钥交换算法——一种加密协议，允许双方在事先不了解对方的情况下，在不安全的通信信道中，共同建立共享密钥。该密钥以后可与一个对称密码一起，加密后续通信。

8. Dijkstra 算法

Dijkstra 算法——针对没有赋值权重边的有向图，计算其中的单一起点最短路径算法。

9. 离散微分算法

离散微分算法（discrete differentiation）——一种模拟调节器的离散化方法，常用差分变换法实现：模拟调节器采用微分方程来表示时，其导数可以用差分方程近似。

10. 动态规划算法

动态规划算法（dynamic programming）——展示互相覆盖的子问题和最优子架构算法。

11. 欧几里得算法

欧几里得算法（euclidean algorithm）——计算两个整数的最大公约数，是最古老的算法之一，出现在公元前 300 年前欧几里得的《几何原本》。

12. 期望—最大算法

期望—最大算法（expectation-maximization algorithm，EM – Training）——在统计计算中，期望—最大算法在概率模型中寻找可能性最大的参数估算值，其中模型依赖于未发现的潜在变量。EM 在两个步骤中交替计算：第一步是计算期望，利用对隐藏变量的现有估计值，计算其最大可能估计值；第二步是最大化，最大化根据第一步求得的最大可能值来计算参数的值。

13. 快速傅里叶变换

快速傅里叶变换（fast fourier transform，FFT）——计算离散的傅里叶变换（DFT）及其反转。该算法应用范围很广，从数字信号处理到解决偏微分方程，再到快速计算大整数乘积。

2.3.3　算法赋能智能决策

近年来，随着云计算、大数据、物联网等新一代信息技术的蓬勃发展，人工智能技术迎来爆发式增长阶段。基于深度学习的人工智能算法在模式识别、自然语言处理等方面的表现开始接近甚至超过人类智能，并已被广泛应用在智能制造、智能安防、金融、教育、医疗等多个领域，加速与实体经济的深度融合发展。在智能时代，数据成为重要的生产要素和变革引擎，以云架构为特征的数字化转型的本质是利用数据和算法来化解复杂世界的不确定性。其核心要义是通过数字技术的全面应用，实现数据在"设备—生产线—企业—产业—价值链"的汇聚和流通，并将每个行业所独有的工业机理、行业特点与数据相结合，构成一个数据驱动的全生命周期优化闭环，实现快速感知、敏捷响应、动态优化和全局智能化的决策模式。

传统产业将智能技术应用到自身数字化转型过程中，实现知识的创新和创造以及知识和行动统一的全局智能决策，推动简单智能向多元复杂智能发展，帮助解决大量机理可知或不可知的复杂多维问题，从而打造和提升传统企业智能决策的分析能力。企业发展重心转向将有限的资源集中于产品的前段研发和后端用户服务上。

算法模型是为了求解给定的问题而经过充分设计的计算过程和数学模型。它为机器注入感知力、洞察力、创造力，是人工智能从"单细胞"到"多细胞"、再到"高级智慧生物"演进过程的根本推动[①]。建立以产品为本、客户为中心的智能制造体系，实现柔性生产制造，从一定"规模"的"定制"向高度个性化、差异化的"个性化定制"转变，满足"千人千面"的消费需求。"算无遗策"才能"料事如神"。算法模型突破已成为下一阶段人工智能的"科技原力"，对于决策智能化发挥了重要作用。智能算法模型也称为基于知识的软件开发模型，该模型应用基于规则的系统，采用归纳和推理机制，帮助软件人员完成开发工作。为此，建立了知识库，将模型、软件工程知识与特定领域的知识分别存入数据库。

智能模型具有以下四个特征。

（1）以知识为处理对象。

智能模型以知识作为处理对象，这些知识既有理论知识，也有特定领域的经验。在开发过程中需要将这些知识从书本中和特定领域的知识库中抽取出来（即知识获取），选择适当的方法进行编码（即知识表示）建立知识库。将模型、软件工程知识与特定领域的知识分别存入数据库，在这个过程中需要系统开发人员与领域专家的密切合作。

（2）强调数据的含义。

智能模型开发的软件系统强调数据的含义。通过专业视角，智能模型根据专业概念对数据进行捕捉和解构，对数据加以标签化的理解和应用。

（3）采用现实世界的语言表达数据的含义。

智能模型开发的软件系统试图使用现实世界的语言表达数据的含义，该模型可以检索现有的数据，从中发现新的事实方法来指导用户以专家的水平解决复杂的问题。

---

① 人工智能的"灵魂"——算法模型［EB/OL］. 中国青年报，2020 – 10 – 30.

（4）采用瀑布模型为基本框架。

在不同开发阶段引入了原型实现方法和面向对象技术以克服瀑布模型的缺点，适应于特定领域软件和专家决策系统的开发。

智能模型赋能决策就是采用智能分析和算法模型，进行解决方案的设计、实施以及后续不断优化的过程。其过程可以分为目标拆解、分析诊断、策略制定和迭代优化四个环节。第一个环节是目标。决策过程中涉及的数据收集、分析、策略制定等都要围绕目标展开。为了更好地落地执行，先要把目标拆解成更容易落地的子目标，让目标和手段（也就是策略）的关联性更大，拆解目标之后要确定达成每个目标的衡量指标，以确定分析和决策的标准。第二个环节是分析。分析工作的核心内容是"发现问题，解释现在，预测未来"，目的是为制定策略做准备。确认目标之后，首先要找到阻碍目标达成的问题，对问题进行归因分析，为从根本上解决问题做准备。紧接着便可以做预测分析，预测未来的发展趋势。第三个环节是策略。这个环节就是基于目标和分析结果，结合人类知识经验和机器学习、运筹优化等算法模型，制定合理的行动方案。策略制定环节，包含策略设计、选择、仿真等内容。第四个环节是策略实施之后的优化。这个环节就是要通过不同策略结果数据的实时反馈，对策略进行复盘沉淀或优化。

2.4　人工智能

人工智能（Artificial Intelligence）是指透过普通电脑程式来呈现人类智慧的技术，人工智能的兴起和发展对智能决策有着极为重大的作用。本节将从人工智能的概念与发展阶段、关键技术、如何赋能智能决策以及近期兴起的 ChatGPT 四个方面对人工智能进行介绍。

2.4.1　人工智能的概念与发展阶段

人工智能是一个以计算机科学为基础，由计算机、心理学、哲学等多学科相互融合的交叉学科、新兴学科，研究、开发用于模拟、延伸和扩展人的智能的理论、方法、技术及应用系统的一门新的技术科学，企图了解智能的实质，并生产出一种新的能与人类智能相似的方式做出反应的智能机器，该领域的研究包括机器人、语言识别、图像识别、自然语言处理和专家系统等。本节将对人工智能的概念与发展阶段进行详细介绍。

1. 人工智能的概念

人工是指"人工合成",对应于"自然生成",而"智能"源于拉丁语 Legere,字面意思是采集、收集,进而进行选择,是"个人从经验中学习、理性思考、记忆重要信息,以及应付日常生活需求的认知能力。"(斯滕伯格,1994)。史蒂芬·卢奇等认为人工智能由人类(people)、想法(idea)、方法(method)、机器(machine)和结果(outcome)组成,拉斐尔(Raphael)对人工智能的评价比较贴切:人工智能是一门科学,这门科学可以让机器人做人类需要智能才能完成的事情①。从计算机应用系统的角度看,人工智能是研究如何制造智能机器或智能系统,来模拟人类智能活动的能力,以延伸人类智能的科学(王莉等,2019)。简言之,人工智能(Artificial Intelligence,AI)是计算机科学的一个分支,主要研究和开发模拟、延伸与扩展人类智能的理论方法、技术与应用系统,涉及机器人、语音识别、图像识别、自然语言处理和专家系统等方向(史蒂芬·卢奇和丹尼·科佩克,2020)。

2. 人工智能的发展阶段

随着科技的快速发展,人工智能在从理论研究逐步转向实践应用的过程中会面临不同的技术问题,需要对技术进行不断更新完善,由此推动了人工智能的发展,因此根据不同时期的技术变化,可以将人工智能的发展历史划分为以下六个阶段。

(1)起步发展期。

1956 年至 20 世纪 60 年代初,人工智能概念提出后,相继取得了一批令人瞩目的研究成果,如机器定理证明、跳棋程序等,掀起了人工智能发展的第一个高潮。

(2)反思发展期。

20 世纪 60 年代至 70 年代初,人工智能发展初期的突破性进展大大提升了人们对人工智能的期望,人们开始尝试更具挑战性的任务,并提出了一些不切

---

① Raphael B. The Thinking Computer:Mind Inside Matter [M]. Thinking Computer:Mind inside Matter. W. H. Freeman & Co. 1976.

实际的研发目标。然而，接二连三的失败和预期目标落空使人工智能的发展走入低谷。

（3）应用发展期。

20 世纪 70 年代初至 80 年代中期，在 20 世纪 70 年代出现的专家系统模拟人类专家的知识和经验解决特定领域的问题，实现了人工智能从理论研究走向实际应用、从一般推理策略探讨转向运用专门知识的重大突破。专家系统在医疗、化学、地质等领域取得了成功，推动了人工智能走入应用发展的新高潮。

（4）低迷发展期。

20 世纪 80 年代中至 90 年代中期，随着人工智能的应用规模不断扩大，专家系统存在的应用领域狭窄、缺乏常识性知识、知识获取困难、推理方法单一、缺乏分布式功能、难以与现有数据库兼容等问题逐渐暴露出来。

（5）稳步发展期。

20 世纪 90 年代中期至 2010 年，由于网络技术特别是互联网技术的发展，加速了人工智能的创新研究，促使人工智能技术进一步走向实用化。

（6）蓬勃发展期。

2011 年至今，随着大数据、云计算、互联网、物联网等信息技术的发展，泛在感知数据和图形处理器等计算平台推动了以深度神经网络为代表的人工智能技术的飞速发展，大幅跨越了科学与应用之间的"技术鸿沟"，诸如图像分类、语音识别、知识问答、人机对弈、无人驾驶等人工智能技术实现了从"不能用、不好用"到"可以用"的技术突破，迎来了爆发式增长新高潮。

2.4.2　人工智能的关键技术

人工智能的关键技术主要包括计算机视觉、机器学习、深度学习、自然语言处理技术、脑机接口技术、知识图谱、人机交互和自主无人系统技术等。由于这些技术有着千丝万缕的联系，使人工智能的发展如日中天。

1. 计算机视觉

计算机视觉（computer vision，CV），是指通过把图像数据转换成机器可识别的形式，从而实现对视觉信息的建模和分析，并作出相应的决策。此技术主要用于空间和环境地理信息采集和处理，如图像定位、图像分类和图像变换等。它的应用范围十分广泛，可用于识别制造业中的机器、配件、零部件等。

2. 机器学习

机器学习是一门关于如何根据经验学习新知识的计算机科学技术。通过机器学习，机器可以根据大量经验训练出一个模型，从而实现自动决策或从数据推断出结论。它主要用于文本分类、垃圾邮件过滤、语音识别、推荐系统等。自然语言理解是一类技术，它允许计算机有效地理解自然语言输入。它使机器能够从文本中提取有意义的信息，并自动生成有用的输出。自然语言理解的应用广泛，可以用于问答系统、社交媒体分析、情感分析、机器翻译等。

3. 深度学习

深度学习是一种利用复杂的神经网络来开发 AI 系统的技术。它可以模拟人脑的认知能力，将复杂的数据进行分类和分析，并生成准确的结果。它的应用范围很广，可以用于图像识别、自动驾驶、语音识别等。

4. 自然语言处理技术

自然语言处理技术是一门通过建立计算机模型，理解和处理自然语言的学科。它是指用计算机对自然语言的形、音、义等信息进行处理并识别的应用，大致包括机器翻译、自动提取文本摘要、文本分类、语音合成、情感分析等。

5. 脑机接口技术

脑机接口是在人或动物大脑与外部设备间建立的直接连接通道。通过单向脑机接口技术，计算机可以接受大脑传来的命令，或者发送信号到大脑，但不能同时发送和接收信号；而双向脑机接口允许大脑和外部设备间的双向信息交换。

6. 知识图谱

知识图谱本质上是结构化的语义知识库，是一种由节点和边组成的图形数据结构，以符号形式描述物理世界中的概念及其相互关系，其基本组成单位是"实体—关系—实体"三元组，以及实体及其相关"属性—值"对。不同实体之间通过关系相互联结，构成网状的知识结构。

7. 人机交互

人机交互是一门研究系统与用户之间交互关系的学问。系统可以是各种各样的机器，也可以是计算机化的系统和软件。人机交互界面通常是指用户可见的部分，用户通过人机交互界面与系统交流，并进行操作。

8. 自主无人系统技术

自主无人系统是能够通过先进的技术进行操作或管理，而不需要人工干预的系统，可以应用到无人驾驶、无人机、空间机器人、无人车间等领域。无人系统是由平台、任务载荷、指挥控制系统及天—空—地信息网络等组成，集系统科学与技术、信息控制科学与技术、机器人技术、航空技术、空间技术和海洋技术等一系列高新科学技术为一体的综合系统，多门类学科的交叉融合与综合是无人系统构建的基础。

2.4.3　人工智能技术赋能智能决策

智能决策是指在特定环境和条件下，通过系统化的分析和综合判断，选择最优方案的过程。人工智能技术的应用可以提高智能决策的效率和准确性，为人们的生活和工作带来更多的便利。随着人工智能技术的不断发展和普及，其在智能决策中的应用也越来越广泛。从金融领域到医疗领域，再到城市智能化领域，人工智能都可以带来更高效、更精准的决策过程。可以预见，随着人工智能技术的不断发展和完善，其在不同领域中的应用和发挥将会越来越深入和广泛，为人们的生活、工作和社会进步带来更多的机遇和挑战。随着科技的不断进步和人们的不断追求，人工智能技术越来越成为时代的焦点，人工智能在智能决策中的应用也越来越广泛。

金融领域是人工智能技术在智能决策中广泛应用的领域之一。在金融领域中，人工智能可以通过分析数据和趋势，快速预测市场走势，并产生智能决策。比如，机器学习可以通过大量的历史数据训练模型，来预测未来的股市变化。同时，人工智能技术还能够快速识别欺诈和异常交易、协助信用评估等。另外，人工智能技术在提供投资咨询方面应用非常广泛。通过区块链技术，人工智能可以对投资组合进行优化，实现数据共享和信息透明度的增强，提高投资的稳健性。此外，人工智能技术还可以提供更好的用户体验，包括交易预测、个性化投资建议、自主选股等功能。

在医疗领域中，人工智能技术的应用也越来越广泛。通过大数据分析，人工智能技术可以预测疾病的发生和发展，并为医护人员提供更准确的诊断和治疗方案。人工智能技术还可以协助医生根据患者的基因分析，为患者提供更个性化的治疗方案，提高治疗的效果。除此之外，人工智能技术在医疗领域还可以提供咨询和辅助的服务。比如，人工智能技术可以提供医疗图像分析，协助医生诊断病情。还可以为患者提供用药建议和康复方案，帮助患者更好地管理和控制自己的健康状况。在城市智能化领域中，人工智能技术也得到了广泛的应用。比如，人工智能技术可以根据城市人流、交通流等数据，智能地预测公共交通需求，合理规划公共交通网络，为人们提供更高效的出行体验。在城市管理方面，人工智能技术可以使城市管理更加高效智能，如自动垃圾分类、城市清洁等。此外，人工智能技术可以通过大数据分析，优化城市卫生和安全管理，提高城市的整体生活质量和安全性。

随着技术的加速发展，人工智能（AI）在决策过程中发挥着越来越重要的作用。人类越来越依赖算法来处理信息、提供行为建议，甚至代表他们采取行动。人工智能的应用领域主要包括深度学习、自然语言处理、计算机视觉、智能机器人、自动程序设计、数据挖掘等方面。其中，数据是该项技术的底层基础。像阿尔法狗，深度学习是其工作原理，即学习样本数据的内在规律和表示层次。其在学习的过程中获得的信息对诸如文字、图像和声音等数据的解释有很大的帮助。而深度学习的最终目的是让机器人模仿视听、思考等人类活动，能够像人一样具有分析学习能力，解决很多复杂的模式识别难题。人工智能分为三个层次：浅层为认知智能，主要表现为计算机视觉和识别处理；中层为计算智能，表现为大数据计算和人工智能量化分析，如自然语言处理。而高级阶段当属决策智能，表现为机器学习、深度学习、无监督算法的集合，实现机器对人的"大脑判断决策"的替代、对机器的"人格化"、对人的神经网络的"机器化"。

2.4.4 ChatGPT 赋能智能决策

ChatGPT（Chat Generative Pre-trained Transformer），是 OpenAI 研发的聊天机器人程序，于 2022 年 11 月 30 日发布。ChatGPT 是人工智能技术驱动的自然语言处理工具，它能够通过理解和学习人类的语言来进行对话，还能根据聊天的上下文进行互动，真正像人类一样来聊天交流，甚至能完成撰写邮件、视频脚本、文案、翻译、代码、写论文等任务。ChatGPT 通过语音或文字与我们进行交互，帮助我们解决各种问题。它可以回答我们的问题、提供建议、推荐产品，甚至可以帮助我们完成一些任务。ChatGPT 的智能化技术可以让我们的互联网体验更加便捷和个性化。ChatGPT 可以通过 REST API、SDK 或者 Web-hooks 的方式将 ChatGPT 的服务接入智能硬件产品中，以实现自然语言处理（NLP）、聊天机器人（Chatbot）、知识图谱等功能。开发者可以使用 ChatGPT API 来让智能硬件产品理解用户的输入，并做出相应的反应。接入 ChatGPT 的智能硬件可以用于自动客服、聊天机器人、自动文本生成、自动问答等应用场景。ChatGPT 的智能机器人可以为企业和个人提供更高效、更快速的自动化服务，从而提高企业的竞争力。ChatGPT 技术将更有利于智能机器人在学习、抽象、推理、决策能力方面的提升，同时可以更快地适应环境变换、自动完成任务等。

在大数据时代，决策制定者面临着处理和理解海量信息的挑战。ChatGPT 作为一种智能分析工具，为决策制定提供了新的可能性。一是 ChatGPT 可以通过与用户对话的方式提供决策支持和建议，用户可以提出问题、表达需求。二是 ChatGPT 可以根据其在训练数据上的学习和模式识别能力，生成相关的回答和建议。这种自然语言交互的方式使决策过程更加直观和具有互动性。然而，ChatG-PT 在智能决策中也存在一些潜在问题。首先，由于 ChatGPT 的学习是基于历史数据，它可能受到数据偏差和限制的影响。这可能导致其提供的建议和回答存在偏见或不准确。因此，在使用 ChatGPT 进行智能决策时，我们需要进行适当的验证和评估，以确保决策的准确性和可靠性。其次，ChatGPT 可能无法全面理解复杂的决策背景和语境。尽管它可以提供有用的信息和建议，但它缺乏人类的经验和直觉。在涉及重要决策和关键信息的情况下，我们仍然需要借助人类专家的知识和判断，以综合考虑各种因素①。综上所述，ChatGPT 在大数据时代的智能决策中具有潜力和应用价值。它可以为决策制定者提供实时的建议和支持。然而，在使用 ChatGPT 进行智能决策时，我们需要认识到其限制，并结合人类专家的知识和判断，以确保决策的准确性和可靠性。ChatGPT 作为人工智能技术的一种应用，将为社会发展带来巨大的机遇和潜力。随着人工智能技术的不断发展和应用，ChatGPT 将不断推动人工智能技术的进步，为人们的生活带来更多便利和可能性。

---

① 　ChatGPT 与大数据时代的智能决策［EB/OL］. 搜狐，2023 - 05 - 27.

2.5　本章小结

　　本章系统介绍了智能决策的四大技术基础（大数据、云计算、算法与人工智能）的概念、特征、涉及的关键技术以及赋能智能决策的具体过程。随着科技的不断发展，人工智能技术正在逐渐应用于各个领域，智能决策软件系统也是其中的一种应用。此类软件系统通过数据分析、模型建立、算法优化等技术手段，可以帮助用户快速、准确地进行决策。

 思考题

　　1. 智能决策的技术基础包括哪些？

　　2. 各项基础技术是如何赋能企业的智能决策的？

思考题要点及讨论请扫描以下二维码：

智能决策数据库

本章重点

1. 了解智能决策数据库的发展阶段。
2. 理解智能决策数据库的概念。
3. 熟悉几种数据库的概念和作用。
4. 掌握智能决策数据库赋能智能决策的过程。

案例导入[*]

　　C 公司是一家大型地方能源集团，投资的产业板块涉及电力、城市燃气、线缆、房地产、金融、能源服务与贸易等多个领域。多样化业态决定了 C 集团系统内的财务管理涉及生产、制造、贸易、研发及基建投资等诸多环节，核算实体也分布在全国各地甚至辐射海外。

　　大数据、人工智能、云技术、移动互联等智能技术的不断深化与应用，客观上推动了企业加快数字化基础设施建设，C 公司希望建立自动化、智能化、数字化的应用条件，最终实现智能技术与业务场景融合。基于此，公司开始实施智能财务战略，在集团内部使用智能决策数据库，建立企业内部财务指标决策库、市场竞争财务数据决策库、宏观经济决策库，借助科技手段赋能企业智能决策，提升集团管控能力（李争浩，2021）。那么 C 公司是如何利用智能决策数据库的呢？

　　智能决策需要数据库的数据驱动。数据驱动是指在企业研发、计划、组织、生产、协调、销售、服务和创新等业务运营决策中均使用数字化的方法进行，并

---

　　[*] 详细案例和进一步讨论，请访问链接网址：http://zhongqishuzhi.com；或扫描章后二维码。

且能够反馈至企业战略的规划和决策层面，使企业实现整体的决策智能。数据驱动强调以时间序列访问和操纵企业的内部财务数据和外部财务数据，主要是通过对全量数据的统计分析，在数据中通过关联分析、异常挖掘等寻找相关性，从数据中直接发现数据之间的关系来指导决策。数据是实现智能决策的基础，通过对支出、盈利等财务业务数据的及时洞察，可以帮助企业对当前财务管理中的各类复杂问题不仅能够知其然，也能知其所以然；通过数据对企业财务进行深刻洞察，驱动更高效、更准确的财务决策；通过数据拓展认知边界，为人工智能和深度学习等智能算法提供数据基础，使企业财务决策能够持续进化；通过数据引领实践应用，用数据以简单易懂的方式去解读每一个财务决策场景。数据驱动的智能财务决策正成为企业财务资源优化配置的利器。

3.1　智能决策数据库的概念和发展阶段

智能决策数据库是指企业所掌握的可用于智能决策的长期储存在计算机内，有组织、可共享的宏微观数据的有序集合，包括企业内部财务指标决策库、市场竞争财务数据决策库、宏观经济环境决策库。企业内部财务指标决策库是指某个企业存储的企业内部数据，包括企业注册信息、经营信息、财务状况、人员状况等。市场竞争财务数据决策库包括了可用于决策的集团公司共享财务数据库和其他企业财务数据库。宏观经济环境决策库积累了宏观经济发展中的重大变革和重要经济事件，将各种外生因素考虑进决策模型中，为决策提供宏观层面上的考量。智能决策数据库本质上仍是普通数据库，其独特之处在于智能决策数据库的种类和功能与智能决策模型和企业的决策需求相匹配。根据决策的需要，智能决策数据库能方便快捷地调用决策所需的各层次信息，达到理想的决策效果。

在数据库的发展历史上，数据库先后经历了层次数据库、网状数据库和关系数据库等各个阶段的发展。

1. 层次数据库

层次模型是一种用树形结构描述实体及其之间关系的数据模型。现实世界中许多实体之间的联系本来就呈现出一种很自然的层次关系，如行政机构、家族关系等。其特点是将数据组织成有向有序的树结构，由处于不同层次的各个节点组成。在这种结构中，每一个记录类型都是用节点表示，记录类型之间的联系则用节点之间的有向线段来表示。每一个双亲节点可以有多个子节点，但是每一个子节点只能有一个双亲节点。这种结构决定了采用层次模型作为数系组织方式的层次数据库系统只能处理一对多的实体联系。层次模型数据库系统是最早研制成功的数据库系统，由 IBM 于 1968 年推出的 IMS（information management system）数据库管理系统是第一个层次模型数据库管理系统，也是最典型的一个。

2. 网状数据库

网状数据库是采用网状原理和方法，以网状数据模型为基础建立的数据库。一般是指由网状数据库管理系统产生的网状数据库系统。网状数据模型是以记录类型为节点的网络结构，即一个节点可以有一个或多个下级节点，也可以有一个或多个上级节点，两个节点之间甚至可以有多种联系。层次模型使用树形结构来表示实体及实体间的关系，每一个节点表示一个记录，除了根节点外每一个节点都有且仅有一个双亲节点，但可以有多个子节点。但是网状模型允许一个节点可以同时拥有多个双亲节点和子节点。因而与同层次模型相比，网状结构更具有普遍性，能够直接地描述现实世界的实体，也可以认为层次模型是网状模型的一个特例。

3. 关系数据库

关系数据库是一种用于存储相互关联的数据点并提供数据点访问的数据库，它采用关系模型，直观地在表中展示数据。现实世界中的各种实体以及实体之间的各种联系均用关系模型来表示。在关系数据库中，表中的每一行都代表一条记录，每条记录都具有一个唯一的 ID（又被称为键），而表中的列则用于存储数据的属性。每条记录的每一个属性通常都有一个值。借此，用户可以轻松在数据点之间建立关联。关系模型是由埃德加·科德于 1970 年首先提出的，并配合"科德十二定律"。

随着云计算的发展和大数据时代的到来，关系型数据库越来越无法满足需要，这主要是由于越来越多的半关系型和非关系型数据需要用数据库进行存储管理，与此同时，分布式技术等新技术的出现也对数据库的技术提出了新的要求，于是越来越多的非关系型数据库开始出现，这类数据库与传统的关系型数据库在设计和数据结构上有了很大的不同，它们更强调数据库数据的高并发读写和存储大数据，这类数据库一般被称为 NoSQL（Not only SQL）数据库。而传统的关系型数据库在一些传统领域依然保持了强大的生命力。

3.2　企业内部财务指标决策库

随着国家大数据战略与企业数字化转型的驱动，指标的作用越来越重要，指标管理上的指标口径不统一、指标体系不完整、指标问题难追溯等诸多痛点，让全企业统一的指标管理成为普遍需求。通过指标管理可以助力快速了解企业经营/业务情况，更快、更稳地进行决策，有效地规避风险。当管理者将从生产、销售等不同部门积累形成的大量业务指标综合在一起，形成指标体系后，就可以利用这些指标知悉企业的发展状况，监控企业的日常经营管理流程。一旦企业的某个经营环节出现问题，管理人员就能通过分析指标，在最短的时间内发现问题，并从指标异常处入手，改善企业业务活动，防止企业发生进一步的风险。面对日益庞大的数据量，企业的管理者很难再像之前一样从具体业务活动中探寻数据，只能通过建立指标的形式，为不同部门的不同业务数据打上标签，在需要分析企业发展状况或存在的问题时，直接从对应的决策库中寻找对应的指标获得数据。

基于智能会计的财务分析体系需要构建一个内部数据库来提供决策支持体系。所谓内部财务指标决策库，主要是从企业自身经营、管理出发获取所有的能够从企业内部提取的财务数据。内部财务指标包括企业各类资产、负债指标的实时增减变动，企业所有者权益指标的变动，企业的收入获得指标，企业的具体成本核算指标，各类税费的指标。这些指标构成了所有财务分析和财务决策的基础，并且这些数据形成的财务指标可以通过计算机自动抽取实时生成，无须等到年度或者会计期末，即在企业经营过程中随时取得。基础内部决策数据主要包括以下基础资产负债权益数据：成本、损益类数据，人力资源资产数据和真实无形资产数据。基础财务指标库体现为如图 3 - 1 所示的内部财务数据库模型。

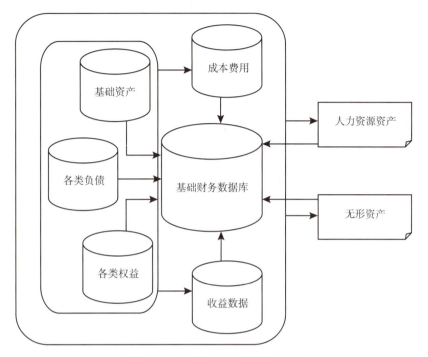

图 3 - 1　企业基础财务数据库模型

3.3　市场竞争财务数据决策库

不同于传统的财务决策过程，智能财务决策在关注企业的内部财务指标之外，应该基于财务共享的理念关注集团内部的其他子公司的财务数据，以及能够获得的其他企业的财务数据。基于获得数据的难易程度，两种数据的详细程度是不同的。根据这两种数据来源，可以构建企业的市场竞争财务决策库。

3.3.1　集团内部的共享财务数据库

从企业集团化发展的演化历程来看，企业内部财务共享是企业集团财务管理发展的趋势，财务共享可以通过集团内部各个子公司和集团母公司之间形成共享财务数据库，实时共享财务数据来实现。

在智能财务决策过程中，构建市场竞争财务数据库使用到的企业内部共享数据是新型赋权式管理，每个企业通过财务智能化系统实时收集财务信息，信息通过扁平化的共享体系在各个公司的财务决策系统内部共享，每个公司都可以在一定的授权范围内使用其他公司的财务数据，而母公司保留对所有子公司财务数据的使用权，这样每个公司在进行投融资决策的过程中，就可以根据抽取的集团内部所有同类型数据判断生产、投资、融资等活动。

3.3.2 其他企业的财务数据库

对于同行业或相似企业而言，其主营业务、经营结构、面临的行业态势等都有相通之处，其在决策中重点考虑的决策指标往往较为相似。因此，企业在进行决策的过程当中，如果能够借鉴其他企业的财务决策或数据模型，将很大程度上缩减企业自主开发一套指标模型所需耗费的人力物力和时间成本，且能实现较高的适配程度。企业可以通过网络数据获取或购买的方法来获得更多其他企业的数据，并将这部分数据库作为企业进行决策的参考依据。

结合上面的分析，企业市场竞争决策数据库的结构如图 3-2 所示。

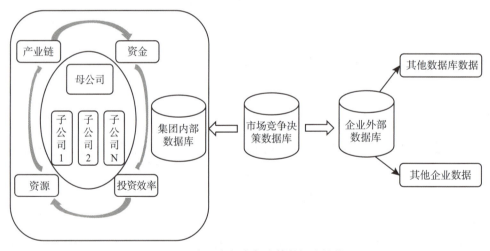

图 3-2 企业市场竞争决策数据库结构

3.4 宏观经济环境决策库

随着经济的发展和社会进步，宏观经济环境对企业的发展决策产生了越来越大的影响。宏观环境包括经济结构、经济发展水平、经济体制、宏观经济政策、当前经济发展状况以及其他相对应的一般经济条件，这些经济环境对于企业的生存与发展会产生直接的影响力，需要企业发展的时候予以密切关注与配合。社会经济结构主要是由不同的经济成分、产业部门以及再生产与分配等方面组成的一个系统化的整体，而企业作为一个经济实体必然在社会经济结构中扮演着重要的一环，其生存和发展与社会经济结构的变化密切相关。经济发展水平的高低直接影响到企业的生存与发展。所谓的经济发展水平是指企业所在国家或地区的经济发展规模、发展速度和达到的高度，企业作为为社会提供产品与服务的主体，其发展与生存自然受到经济发展水平的直接影响（见图 3－3）。

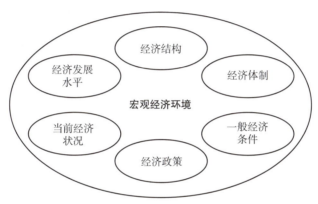

图 3－3　企业宏观经济环境构成

　　宏观经济环境中的一些因素，如价格水平和变化趋势、可支配收入水平、居民消费倾向和消费模式等，直接影响产品市场的需求状况，从而影响企业产品和服务的供给状况，这就需要企业通过相应的管理，提供满足市场需要的产品。这个过程就是经济环境间接地对企业管理产生影响的过程。宏观经济环境中的另一些因素，如金融系统和资本市场发展状况等，直接或间接地对资本市场和金融市场发挥作用。而资本市场和金融市场为企业提供大量的资金，资金是企业的血液，是企业顺利运营的根本保证。当宏观经济环境通过资本市场影响到企业时，企业必须根据情况制定恰当的策略并进行调整，这就是宏观经济环境对企业管理的影响。企业只有在充分注重对宏观经济环境进行研究和分析的基础上，同时考虑企业自身能力，才能制定出适应宏观经济环境、适合企业发展的战略和对策，才能实现持续经营、快速发展的目标。

　　企业宏观经济决策库重点关注重大经济政策变化、重大突发事件影响、重要竞争环境变化等企业外部宏观经济环境当中的各种外生变量及其对企业产生的作用，依据各类企业实际经营活动和相关学术研究的成果积累各大类国家宏观经济政策和重大经济事件对企业产生的影响，即事件发生或者环境改变是对企业产生的影响，在决策模型需要时自动调用相关的数据，可模拟可能生成的结果，从而将外部环境变化所带来的影响嵌入决策模型中，使智能决策过程保持动态性。

3.5 智能决策数据库赋能智能决策

企业作为一个人造的无机系统，其管理活动则类似于有机生命体，和作为个体的"人"一样，其生存、决策和发展，始终需要考虑的要素首先是环境、条件和目标。数据的井喷式增长使企业面临着前所未有的机遇和挑战，如何有效运用大数据技术来捕捉市场经济的发展规律，促进企业管理决策的实效性与准确性是企业目前重点思索的问题。大数据的核心价值并不在于数据本身，而在于数据所潜藏的有利于企业发展的信息，因此企业既要拥有数据收集能力，又要具备强大的数据整合分析能力。依托于云计算的大数据环境深刻影响着企业决策信息收集、决策方案制定以及方案评估等过程，使决策环境发生了显著的变化，同时大数据视域下的企业管理决策表现出了鲜明的数据驱动特征，为业务改良与创新提供了积极可靠的导向。人工智能的推广应用彻底颠覆了传统经验决策模式，决策的主体由企业高层管理者拓展至一线员工。在网络媒体的宣传作用下，数据获取困难与数据缺失问题得到了较好的解决，促使决策管理呈现出民众化、多元化的特征。

在智能决策的框架下，企业通过设定特定的决策情景和决策类别，使系统能够自动选择适用的决策模型。智能决策系统根据所设定的条件，能够从不同的决策模型中挑选出最合适的一个进行数据代入和模型分析。

在数据获取方面，智能决策系统可以从企业内部的财务数据决策库、市场竞争财务数据决策库以及宏观经济环境决策库中提取各种层次的数据和内容。这些数据被自动填充到所选用的决策模型中，为决策过程提供支持。这个过程包括了选择适当的数据信息进行测算，以便为企业提供精准的决策指引。

智能决策系统通过以下步骤来实现企业智能财务决策。

（1）决策情景和类别设定。企业首先设定特定的决策情景和决策类别，明确决策的背景和目标。

（2）决策模型选择。系统根据设定的情景和类别，从多个决策模型中智能选择最适合的一个模型。

（3）数据获取和整合。智能决策系统从不同的数据决策库中抽取所需的数据，包括企业内部财务数据、市场竞争数据和宏观经济数据。

（4）数据填充与分析。抽取的数据被自动填充到所选的决策模型中，进行数据分析和计算，从而得出决策所需的信息。

（5）决策指引提供。基于模型分析和计算结果，智能决策系统为企业提供针对性的决策指引，帮助企业作出明智的财务决策。

总的来说，智能决策系统通过整合数据、选择合适的模型以及进行分析和计算，能够为企业提供高效、准确的决策支持，帮助企业在竞争激烈的商业环境中作出更加精准和有利的财务决策。综合以上分析，智能决策数据库赋能智能决策的路径如图 3-4 所示。

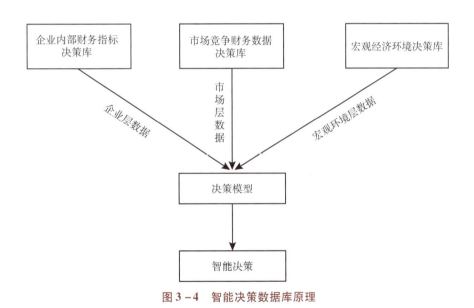

图 3-4　智能决策数据库原理

3.6　本章小结

本章主要介绍了智能决策数据库的概念和发展阶段，智能决策数据库的各种形式——企业内部财务指标决策库、市场竞争财务数据决策库、宏观经济决策库，以及其赋能智能决策的原理。通过对企业财务数据的深入挖掘和分析，企业拓展了信息边界，使财务数据能够更好、更全面地支持企业的战略决策。

 思考题

1. 智能决策数据库与普通数据库的区别是什么？
2. 为什么要利用其他企业数据库？
3. 智能决策数据库如何赋能智能决策？

思考题要点及讨论请扫描以下二维码：

智能分析决策模型及诊断报告体系构建

本章重点

1. 了解基础性财务分析模块和专题性财务分析模块涵盖的内容。
2. 了解各财务诊断模型体系。
3. 理解智能决策诊断报告。
4. 了解智能风控体系的构建和两种计分模型。

案例导入[*]

　　D 公司是一家大型家用电器制造公司，随着大数据时代的到来，人工智能的迅猛发展对各行各业都产生了深刻的影响，机器学习算法对不同数据、不同场景的处理能力也在不断增强，简单的记账和核算已远远无法满足企业管理者的需求，企业财务模式亟待转型。D 公司紧跟时代潮流，善于变革、勇于创新，积极在其经营管理活动中引入智能决策系统辅助其生产经营、风险诊断、投资决策等活动。

　　利用智能会计与决策模型对企业的各项数据进行深入分析，通过各财务诊断模型了解企业状态，利用智能决策诊断报告发现潜在的关键问题，通过智能风控体系及时预警财务危机。这为管理者全面了解企业情况以及作出正确战略决策提供了有效的数据支持。那么 D 公司是如何利用智能决策系统的数据分析和决策辅助能力进行智能财务转型的呢？

　　智能决策系统通过基础性和专题性的智能分析决策模型将收集到的各种财务数据加工处理，输出以财务数据为主的经济信息，并能够利用这些信息通过经营

---

　　* 详细案例和进一步讨论，请访问链接网址：http://zhongqishuzhi.com；或扫描章后二维码。

质量、投资风险、流动性、整体成长性诊断模型，自发生成企业经营状况的诊断报告，构建智能风控体系。

4.1 智能会计分析与决策模型

财务分析的目的在于了解企业的经营现状，通过各种分析指标从财务角度、管理角度进行系统的梳理，分析和评价企业的总体经营状况，为优化企业管理和经营决策提供重要的财务信息。本节将从基础性财务分析模块和专题性财务分析模块两方面对智能会计分析与决策模型进行介绍。

4.1.1 基础性财务分析模块

企业四力分析是指针对公司经营状态中较容易出现的四种状况，即收益率低下、债务违约风险高、营运能力低下、成长能力各项不匹配进行的四方面能力分析。

1. 四力分析

四力分析包括盈利能力分析、偿债能力分析、营运能力分析、成长能力分析。其能够帮助企业更好地了解自身发展的优势和问题所在。

（1）盈利能力分析模块。

企业的盈利能力分析来自于企业的盈利水平，盈利水平往往取决于企业的实际经营和会计政策，根据智能会计的数据挖掘，对于企业的利润质量进行分析，可以更好地发现企业通过收入实现利润的过程中存在的问题，而同时借助软件所实现的盈利能力分析可以体现企业的真实盈利能力。

（2）偿债能力分析模块。

企业偿债能力的分析模块是基于企业的收益情况来展开的，而基于数据的收集，企业可以即时地分析收入的付现情况、应收款项的质量、现金流的变化等信息，不仅可以借助于短期和长期的偿债能力指标，更可以结合收入的产生密度和变现质量，分析收入、存货价值、债权人信用水平等内容。同时对于流动负债还可以分析企业自身的信用状况和短期负债的可获得性，从而综合上述分析来确认企业的短期偿债能力。

（3）营运能力分析模块。

营运能力的分析来自于资产的使用效率，基于传统的财务数据分析来看，企业的收入质量将对周转能力的分析带来极大的提升，而基于数据收集获得的收入详细数据，将会呈现出一种动态的周转能力。

（4）成长能力分析模块。

企业的成长能力分析主要基于企业的收入增长率，往往收入增长快的企业其产品市场需求大，经营业绩突出，其公司总体规模扩张更快，表现出更好的发展潜质和更广阔的发展空间。基于智能会计的数据分析，企业可以直观地看到自身的成长性指标，以及与其他企业的对比趋势，并从中发现企业的成长问题，及时做出战略调整。

综合性分析体系是智能财务的一个重要功能。随着智能会计对信息收集和上述分析的展开，企业会在适合自身经营特征、行业的情况下拥有一套动态输出企业各方面能力的系统，通过各种软件分析工具接口到各种实时获得的会计数据，并通过软件呈现给不同的管理者，可以实现综合分析的即时获取，并且还可以根据决策者的需要设置决策模型，从而自动呈现模拟的决策结果，实现决策的智能化。

2. 动态杜邦分析模块

杜邦财务分析体系是传统财务领域中的一个重要财务指标分解、分析的指标系统，该系统将企业盈利水平的衡量指标 ROE 层层拆解，在指标层面分解为资产周转水平（总资产周转率）、销售利润水平（销售净利率）、权益乘数（资本结构），从企业的运营效率、盈利水平和财务结构方面全面地衡量企业的财务能力。此外，每一个指标还可以进一步分解为单一指标，如净利润可以分解为收入减除费用，从而将总的判断企业盈利、成长能力的指标落实到单个会计要素层面，分析单个会计要素的变动对企业整体盈利能力可能出现的影响。到目前为止，这仍是企业管理层分析企业财务能力的一个较为成熟的指标分析体系。依托智能会计技术，杜邦分析体系可以实现动态化和智能化，并且可以实现可视化的企业能力变化，为管理者提供一个变化中的财务分析视角。

3. 动态本量利分析

本量利分析是"成本—业务量—利润分析"的简称，主要被用来研究产品价格、业务量（销售量、服务量或产量）、单位变动成本、固定成本总额、销售产品的品种结构等因素的相互关系,据以作出关于产品结构、产品定价、促销策略以及生产设备利用等决策的一种方法。本量利分析中最为人们熟悉的形式是盈亏临界分析或称保本分析。许多人把两者等同起来。确切地说,盈亏临界分析只是全部本量利分析的一部分。显然,盈亏临界分析并非只着眼于找出一个不盈不亏的临界点或称保本点,它所期望的是获得尽可能好的经营成果。这种分析方法可以用来预测企业的获利能力;预测要达到目标利润应当销售多少产品(或完成多少销售额);预测变动成本、销售价格等因素的变动对利润的影响等。

4. 动态存货分析

存货是指企业在正常生产经营过程中持有以备出售的产成品或商品,或仍然处于生产过程中的产品,或在生产过程或提供劳务过程中将要消耗的材料、物料等。存货管理就是对企业的存货进行管理,主要包括存货的信息管理和在此基础上的决策分析,借助一系列指标如经济订购批量、存货成本计算、安全库存成本分析、再订购点确定等,最后进行有效控制,达到存货管理的最终目的:提高经济效益。

20 世纪 90 年代,在信息技术和互联网技术兴起之后,存货管理发生了第三次革命。通过信息技术在企业中的运用(如 ERP、MRP Ⅱ 等),可以使企业的生产计划与市场销售的信息充分共享,计划、采购、生产和销售等各部门之间也可以更好地协同。而通过互联网技术可以使生产预测较以前更准确可靠。戴尔公司是这次革命的成功实践者,它充分运用信息技术和互联网技术展开网上直销,根据顾客的要求定制产品。一开始,在互联网还局限于少数科研和军事用途的时候,戴尔公司只能通过电话这样的网络来进行直销。在互联网逐渐普及之后,戴尔根据顾客在网上的订单来组织生产,提供完全个性化的产品和服务。戴尔提出了"摒弃库存、不断聆听顾客意见、绝不进行间接销售"三项黄金律。至此,戴尔公司完全消灭了成品库存,其零件库存量可以小时计算。

4.1.2　专题性财务分析模块

基础财务分析模块可以对应基础财务指标分析,并且在已有的传统财务分析框架下对企业的各种基本能力进行分析,针对性相对较弱。而在企业经营决策过程中,有一些经营活动和决策内容是对企业整体产生深远影响的,因此,在基础财务数据和财务指标的结合下，通过对下列财务决策过程进行智能分析，可以得到企业决策的重要依据。

1. 企业供应链的智能财务分析体系

供应链围绕核心企业，通过对信息流、物流、资金流的控制，从采购原材料开始，制成中间产品以及最终产品，最后由销售网络把产品送到消费者手中。它是将供应商、制造商、分销商、零售商直到最终用户连成一个整体的功能网链模式。

供应链贯穿了企业整个生产经营活动。因此，从销售维度入手能够将企业经营过程中大多数的数据进行整合，对企业在收入获取、成本核算控制、财务资源配合等各方面进行全面诊断，并且可以在此过程中设置多个风险控制点，从而更加有效地促进企业销售行为的实现。

具体来说，供应链分析方案及实现主要从构建销售指标体系，确定分析方法、分析路径及内容等方面入手。在梳理业务流程的过程中，应首先根据企业的供应链流程构建企业的价值创造过程以及资源支持计划，针对全生产经营流程展开指标选取工作，应结合成本数据，从原材料、存货等的购入、储存等成本控制，人员投入、机器设备在生产过程中的投入情况入手，分析在整个生产中不同成本的配置比例。首先，半成品的成本归集。其次，产成品的成本控制。再次，原材料、半成品、产成品、库存商品等的时效性分析。最后，销售过程及采购成本的分析。供应链的智能财务分析体系如图 4-1 所示。

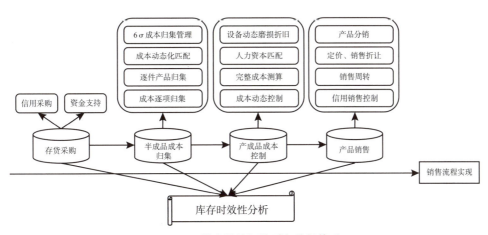

图 4-1　供应链的智能财务分析体系

2. 固定资产投资、研发投资及金融资产投资分析体系

企业的固定资产投资、无形资产投资和金融资产投资多数都属于长期投资，对于企业发展来说具有战略导向性，并且整个过程涉及了企业的资本结构、财务风险、企业未来发展潜力等多种因素，是企业重要的财务决策。

较大的投资项目会给企业带来较大的影响，其较大的现金流出对企业的资金造成了较大的压力，而其直接或者间接地影响企业的利润，可能会造成企业经营和财务风险爆发，从而在很大程度上影响企业的市场表现，这需要综合各种投资的影响指标设置分析和预警体系，其构建的投资决策分析体系如图4-2所示。

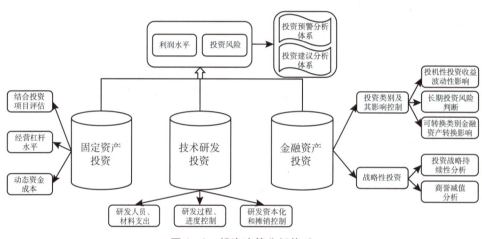

图4-2　投资决策分析体系

3. 营运资金分析体系

营运资金是企业周转对所需资金和资金来源的综合考量，将企业所涉及的流动资产和负债等要素都包含在内，是一个综合性的财务体系。在智能会计分析框架内，可以从三个层面分析企业的流动项目。

首先，净营运资金及其质量分析。所有的资产项目都需要与资产质量分析相结合进行拓展，具体包括存货项目的时限性和可能的价值亏损、应收款项的回收可能性及对应的坏账损失、流动负债项目的潜在资金成本。因此，对营运资金的动态分析，既能够得到额外的资金占用水平，又能够得到当前组成营运资金的部分的质量。其次，周转能力的动态分析。借助智能会计体系的动态信息收集，可以实时分析企业的存货、应收账款、应付账款等项目周转能力的变化

并生成变化趋势，并借此作出各类指标的动态输出和预警。最后，偿债能力的动态分析。常规分析企业偿债能力的指标当中，基于时间段数据的流动资产对流动负债的补偿，是营运资金的反向应用，但是流动资产的价值往往会发生较大变化。营运资金的财务分析体系如图 4-3 所示。

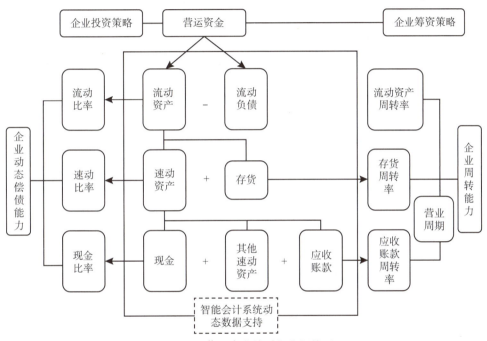

图 4-3　营运资金的财务分析体系

4. 资本结构及财务风险分析体系

资本结构以及其带来的财务风险是企业在进行财务战略分析时的重要问题。故在企业资本结构的决策中，需要综合考虑企业的业务特征、市场竞争能力、财务风险承受能力、成长性和企业的管理者特质等内部因素（陆正飞，1998；姜付秀等，2008），同时还需要考虑宏观经济环境和行业环境变化等外部因素的影响。因此，借助智能财务分析体系，可以参照学术研究成果构建资本结构因素影响模型来动态抽取数据，同时判断资本结构的调整给企业带来的影响。因此，应该从两个方面构建资本结构调整模型，并且动态输入数据[1]。

---

[1]　注：FinFactors 代表智能财务动态分析得到的企业经营能力数据，包括偿债能力、周转能力、盈利能力等；MagCha 代表企业管理者特质，包括管理者人口资源背景特质、社会属性特质等；Com 代表企业的竞争能力；Growth 代表企业成长性，可用 TobinQ、综合性指标进行替代；Risk 代表企业财务风险承受能力；Gov 代表了企业的治理变量，如大股东持股比例、股权制衡性、管理层权力等。

（1）分析内外因素对资本结构的影响。

$$Lev = \alpha + \sum \beta_i FinFactors + \sum \gamma_i MagCha + \delta Com + \epsilon Growth + \theta Risk + \mu Gov$$

$$(4-1)$$

（2）资本结构的调整速度。

$$Lev_{i,t} = \gamma \left[\alpha + \sum \beta_i FinFactors + \sum \gamma_i MagCha + \delta Com + \epsilon Growth + \theta Risk + \mu Gov \right] + (1-\gamma) Lev_{i,t-1} \quad (4-2)$$

（3）分析资本结构的变化、变化速度对企业各个维度的财务绩效产出所造成的影响。

$$ROA/ROE/TobinQ/Shareprice = \alpha + \beta_1 Lev + \sum Controls + \varepsilon \quad (4-3)$$

基于智能财务的动态性，上述分析可以不断地进行，并且可以结合企业的实际发展和业绩的变化修正模型的结果，并对模型进行重新调整，做到动态性地输出资本结构的优化值和调整方向，从而为企业决策者进行资本结构调整的决策提供依据。

4.2　智能决策的自动生成诊断报告系统

企业财务诊断的目的是评估企业的财务状况是否良好，确定企业的工作和管理是否健康，并提出解决问题的方法和措施，为企业管理决策提供依据。本节将介绍多种企业财务诊断模型并构建智能风控体系。

4.2.1　经营质量诊断模型

企业经营质量诊断是市场经济中企业特有的管理活动。企业同一切生命机体一样，在成长过程或运营过程中，会发生各种各样的问题，即"疾病"。经营诊断与决策是运用各种科学方法，找出企业经营管理中存在的问题并分析其原因，提出切实可行的改善方案，并帮助指导实施，以推动企业的健康发展。如图4-4所示，利润产生能力诊断模型修正了以往对于经营能力中利润产生能力评价的滞后性，由于实时抽取数据，使月度指标可以做到动态输出，并且可以根据收入和成本、费用的对比实时分析收入中成本费用的占比，提高经营决策和成本控制决策的准确程度，同时，可以利用下列公式进行多期数据的回归分析，得到最优的利润产生能力范围，并且直接从软件中得到调整的方案。

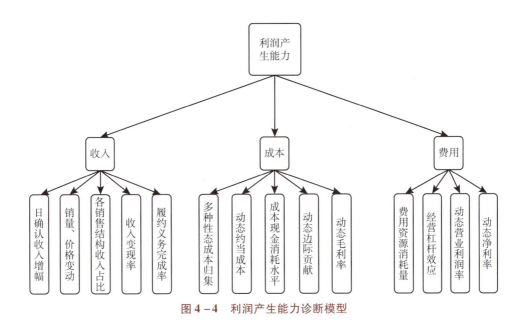

图 4 - 4　利润产生能力诊断模型

$$Profitability = \sum \alpha_i Income_i + \sum \beta_i Cost_i + \sum \gamma_i Suspend_i + \varepsilon \quad (4-4)$$

上述模型对不同的收入指标、成本指标和费用指标进行回归分析，在分析过程中，借助计算机取数，可以实现机器快速、动态地获得结果。所得到的结果可以建立企业盈利能力对各个指标的相关关系，这些数字将会动态性地分析出各类利润产生能力的影响大小，并且借助机器学习调整企业的经营战略和战术方案，最终形成智能报告。

4.2.2　投资风险诊断模型

作为智能财务决策的重点领域，企业的财务投资活动诊断体系也是智能诊断体系中的重要组成部分。结合投资的特点，在投资活动智能诊断模型的构建中，需要监控的问题主要有以下几点。

1. 项目未来收益的变化趋势

智能投资诊断模块借助前文构建的经营数据库取得销售收入、成本费用等数据，同时从投资分析数据库中取值，对项目进行过程中各种固定性投资进行追踪，从而可以动态性地确定项目的现金流变化，并且根据变化的趋势进行滚动式的未来现金流预测。

2. 项目风险的动态分析

项目投资评估过程中，需要对项目的风险进行动态分析，包括企业的债权收益率和权益收益率水平，通过动态匹配企业的信用水平所对应的债权成本、资本市场风险收益与企业股东权益以及资本结构的变化对综合资本成本的影响，动态地调整项目评估的折现因子。

3. 投资组合的风险分析

在进行风险资产投资的过程中，选择风险资产构建投资组合往往是一个较为复杂的过程，需要判断每一个投资品种的成长性、风险性和财务绩效，使用机器学习和财经数据库取值，可以帮助企业构建投资组合的动态调整模型，分析投资组合的期望收益和风险水平，帮助企业较为稳健地进行风险投资（汪金祥等，2020）。

综上所述，投资诊断模型所涉及的内容较多，可以构建以下模型体系来进行报告框架构建（见图4－5）。

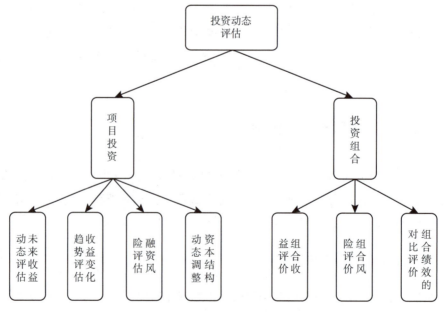

图4－5　投资活动诊断模型

4.2.3　流动性诊断模型

流动性诊断模型结合经营性数据库、企业债务数据及融资情况数据等进行综合判断，所构建的模型如图 4-6 所示。

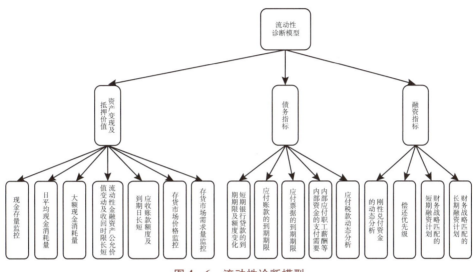

图 4-6　流动性诊断模型

1. 资产变现及抵押价值检测指标体系

流动性的重要来源在于企业能够快速获得现金偿还到期债务的能力，首先，从现金流动的角度上来看，应设置现金存量监控、日平均现金消耗量、大额现金消耗量及其所占比重、短期流动性金融资产公允价值变动及收回时限长短、应收账款额度及到期日监控、应收账款信用质量动态监控、存货市场价格监控、存货市场需求量监控等指标来增加流动资产的变现能力和资金的获取能力。其次，由于固定资产等非流动资产具有可抵押能力，可以设置固定资产抵押价值变化监控的指标来反映短期资金的获取。

2. 企业债务指标

负债及其资金成本是企业面临流动性问题过程中直接需要考虑的要素，本模型从各类负债具体制定监控指标来衡量流动性风险诊断。具体来说，应考虑短期银行贷款的到期期限及额度变化（用以衡量即将到期的负债梯队）、应付账款和应付票据的到期期限以及可能通过提前还款获得的收益、内部应付职工薪酬等内部资金的支付需要、应付税款动态分析等。

4.2.4　企业整体成长性及诊断报告

基于前文分析所构建的智能财务信息及相关分析决策体系，系统可以据此作出智能财务决策，但智能财务决策最终的目的是为管理层提供高质量的决策依据，而最终的管理决策是由人做出的。因此，企业更多的是需要智能财务体系根据预先设定好的模型进行前置性分析，同时给出风险诊断建议，并且在机器学习和人工智能的作用下，不断地对建议进行完善和自我修正，以达到更好的效果。智能分析决策模型可以实现快速分析企业财务报表，并诊断和发现企业潜在的关键问题，从而替代企业财务部门的分析人员机械和重复的人工财务分析工作，以及解决人工财务分析耗时长、受人为主观因素的影响多、分析专业化程度低等问题。投资决策系统基于大数据的可获得性，使企业可以借助AI－FAD智能财务机器人对企业财务状况进行分析，根据上市公司的财务绩效构建投资组合直接进行或辅助进行财务分析，在前面提到的智能财务决策和分析系统的基础上，最终形成判断企业成长性的综合报告，以达到智能财务决策的最终目的。

4.2.5　智能风控体系构建

随着经济环境的复杂化和信息化水平的提高，企业对财务危机预警和诊断的有效性和智能化也越来越受到重视。随着人工智能、数据挖掘和机器学习等技术的进步，以及现代企业信息化发展中对财务信息获取的实时性和智能性需求，一些学者开始借助智能方法对企业财务危机进行预警，如人工神经网络、支持向量机等。此外，财务风险预警机制首先构建了对标预警评价指标体系，并对指标类别加以分析处理，利用Z计分模型、F计分模型等促使企业改善经营管理，防范财务风险。

1. Z计分模型

纽约大学斯特恩商学院教授爱德华·阿特曼（Edward Altman）基于对美国生产型企业的观察，将22个财务比率经过数理统计筛选，建立了著名的五变量

Z-score 模型，即：

$$Z = 1.2X_1 + 1.4X_2 + 3.3X_3 + 0.6X_4 + 0.999X_5 \qquad (4-5)$$

其中，X_1 = 营运资本/总资产；X_2 = 留存收益/总资产；X_3 = 息税前利润/总资产；X_4 = 股东权益市价/总负债；X_5 = 销售收入/总资产。

模型执行结果表明，如果 $Z \leq 1.81$，表明财务风险很高，企业面临着破产的巨大风险；如果 $Z \geq 2.99$，表明财务状况很好，企业破产风险较小；如果 $1.81 < Z < 2.99$，该区间被称为"灰色区域"，较难判定企业的财务状况。

2. F 计分模型

利用周首华、杨济华和王平提出的 F 分数模型中的 F 临界值进行财务风险分析。

$$F = -0.1774 + 1.1091X_1 + 0.1074X_2 + 1.9271X_3 + 0.0302X_4 + 0.4961X_5$$

$$(4-6)$$

其中，X_1 用来测定公司资产的流动性。该指标数值越大，表明公司资产的流动性越强。

X_2 用来测定公司筹资及再投资的能力。该指标数值越大，表明公司的创新能力和竞争力能力越强。

X_3 用来测定公司所产生的全部现金流量对公司债务的清偿能力。该指标数值越大，表明公司的偿债能力越强。

X_4 用来测定公司的投资价值。该指标数值越大，表明公司的投资价值越大。

X_5 用来测定公司总资产创造现金流量的能力。该指标数值越大，表明公司资产的现金流量创造能力越强。

4.3　本章小结

本章主要讨论了智能决策的两大分析模块和三种诊断模型，以及企业整体成长性诊断报告和智能风控体系的构建。通过这两大模块和三种模型，智能决策系统可以将收集到的数据进行加工处理、生成信息，并利用这些信息为企业生成经营状况诊断报告、构建智能风控体系。

思 考 题

1. 基础性财务分析模块和专题性财务分析模块分别包括哪几个部分？

2. 经营质量诊断模型相比于传统的能力评估，其优势体现在哪里？

3. 投资风险诊断模型主要监控哪些问题？

4. 智能分析决策模型能帮助决策者完成什么工作？

思考题要点及讨论请扫描以下二维码：

第 5 章

智能四力分析

本章重点

1. 理解并掌握四力分析的理论机理。
2. 思考四种能力之间的逻辑联系及其对企业发展的作用。
3. 熟练掌握智能四力分析的操作过程。

案例导入*

E 公司是一家建筑行业企业，受到经济大环境的影响，建筑行业发展日益低迷，E 公司的业务和产值也受到了一定的冲击。为保证公司经营，管理者决定采取稳定型发展战略，在维持公司正常运转的同时积极寻找更好的发展机会。此外，E 公司管理者紧跟时代步伐，在公司财务管理中引入智能会计决策系统，以更好地对企业情况进行整体把控。

E 公司管理层将公司四力能力作为重点关注指标，通过对公司盈利能力、偿债能力、营运能力、成长能力的可视化分析和横纵向对比，E 公司管理者能及时发现企业成长发展中存在的问题。根据系统中显示的异常财务数据，管理者能够结合自身从业经验，及时调整公司的经营决策，保证公司平稳健康发展。那么 E 公司管理者是如何利用四力分析决策模块的呢？

对企业的财务能力分析通常是评价企业的偿债能力、营运能力、盈利能力和发展能力。通过资产负债表、利润表和现金流量表所提供的相关数据可以分析企业的四大能力，并进行横向、纵向对比，找到企业目前存在的问题，进而对企业的经营决策提供支持。四力分析属于智能会计分析中的基础财务分析模

---

* 详细案例和进一步讨论，请访问链接网址：http://zhongqishuzhi.com；或扫描章后二维码。

块，是生成智能决策报告所必不可少的财务数据分析单元，能为决策提供信息基础。

5.1 盈利能力

盈利能力是指企业获取利润的能力，也称为企业的资金或资本增值能力，通常表现为一定时期内企业收益数额的多少及其水平的高低，能为智能决策提供企业收益方面的信息原料（刘成竹和陈复昌，2012）。本节将从理论基础和软件实操两个部分对盈利能力进行介绍。

5.1.1 理论基础

对于经营者来讲，通过对盈利能力的分析，可以发现经营管理环节中出现的问题。对公司盈利能力的分析，就是对公司利润率的深层次分析。盈利能力指标主要包括净资产收益率、销售（营业）利润率、成本费用利润率、总资产报酬率等。

1. 净资产收益率

净资产收益率是企业一定时期净利润与平均净资产的比率，反映了企业自有资金的投资收益水平。其计算公式为：

$$净资产收益率 = 净利润/平均净资产 \times 100\% \qquad (5-1)$$

$$平均净资产 = (所有者权益年初数 + 所有者权益年末数)/2 \qquad (5-2)$$

一般认为，净资产收益率越高，企业自有资本获取收益的能力越强，运营效益越好，对企业投资人、债权人利益的保证程度越高。

2. 销售（营业）利润率

销售利润率是企业利润与销售额之间的比率。它是以销售收入为基础分析企业的获利能力，反映销售收入收益水平的指标，即每元销售收入所获得的利润。其计算公式为：

$$销售利润率 = 利润总额/营业收入 \times 100\% \qquad (5-3)$$

3. 成本费用利润率

成本费用利润率是企业一定期间的利润总额与成本、费用总额的比率。成本费用利润率的计算公式为：

$$成本费用利润率 = 利润总额/成本费用总额 \times 100\% \qquad (5-4)$$

成本费用利润率指标表明每付出一元成本费用可获得多少利润，体现了经营耗费所带来的经营成果。该项指标越高，利润就越大，反映企业的经济效益越好。

4. 总资产报酬率

总资产报酬率是指企业息税前利润与平均总资产之间的比率。计算公式为：

$$总资产报酬率 = (利润总额 + 利息支出)/平均资产总额 \times 100\% \quad (5-5)$$
$$总资产报酬率 = (净利润 + 利息支出 + 所得税)/平均资产总额 \times 100\%$$
$$(5-6)$$

资产报酬率越高，说明资产利用率越高，表明企业收入在增长；资产报酬率越低，说明企业利用效率低，这时候需要提高销售利润率，增加资金周转，提高企业的经营管理水平。

总资产周转率数值越高，周转速度越快，资产的经营效率越好，总资产报酬率也就越大。反之，总资产周转率越小，企业资产经营效率越差，总资产报酬率也就越小。一般而言，两者呈同增同减关系。

在系统中，只要导入数据就可以自动生成与盈利能力相关的各指标值，并生成可视化图表，方便使用者直观地了解企业盈利能力情况以及与标杆企业和行业均值的比较情况。

5.1.2 软件实操

用户可在智能决策系统界面左侧选择需要了解的业务单元，点击"四大能力分析"后，出现对应的分析界面。在导入公司数据后，选择公司、年份、季度，即可看到四力分析的详细结果。

功能描述

四大能力分析是基于企业财务报表数据的智能财务分析，它首先需要在系统中导入财务报表数据。包括两种导入方式：智能导入和 OCR 识别。为了检查数据导入的正确性，智能财务分析系统需要具备报表查看、修改和导出等功能。

系统内部流程

1. 净资产收益率

系统内部的净资产收益率运算如图 5-1 所示，此部分的数据来源主要是资产负债表和利润表，系统从自动生成的资产负债表、利润表中取数，在利润表中取本期净利润，在资产负债表中取所有者权益的期初数和期末数，随后系统内部按照逻辑公式进行计算，最终得到结果进行展示。

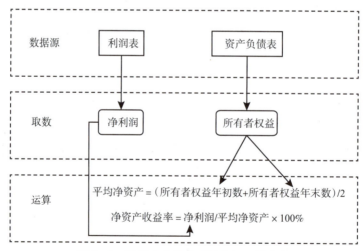

图 5-1　净资产收益率系统内部运算流程

2. 销售（营业）利润率

系统内部的销售（营业）利润率运算如图 5-2 所示，此部分的数据来源主要是利润表，系统从自动生成的利润表中取数，在利润表中取利润总额和营业收入，随后在系统内部按照逻辑公式进行计算，最终得到结果进行展示。

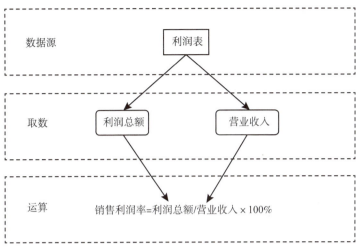

图 5 - 2　销售（营业）利润率系统内部运算流程

3. 成本费用利润率

系统内部的成本费用利润率运算如图 5 - 3 所示，此部分的数据来源主要是利润表，系统从自动生成的利润表中取数，在利润表中取利润总额、营业成本、营业税金及附加、销售费用、管理费用、财务费用、资产减值损失，随后在系统内部按照逻辑公式进行计算，最终得到结果进行展示。

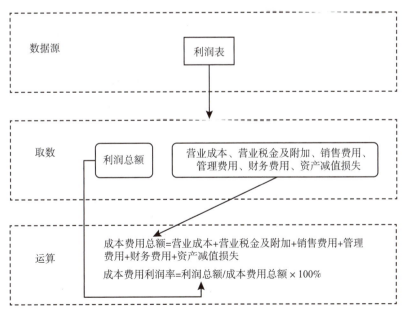

图 5 - 3　成本费用利润率系统内部运算流程

4. 总资产报酬率

系统内部的总资产报酬率运算如图 5 - 4 所示，此部分的数据来源主要是利润表、资产负债表，系统从自动生成的利润表、资产负债表中取数，在利润表中取利润总额、利息支出，在资产负债表中取资产总额，随后在系统内部按照逻辑公式进行计算，最终得到结果进行展示。

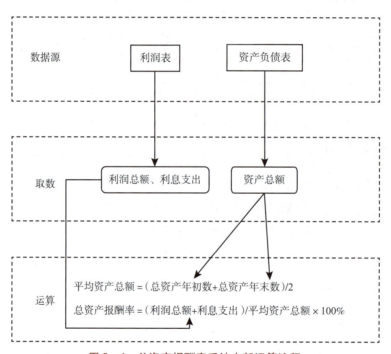

图 5 - 4   总资产报酬率系统内部运算流程

结果展示

如图 5 -5 所示，在"四大能力分析"页面，可以进入企业基础财务指标展示页面，用户可以选择不同年度查看盈利能力。其中本公司数据是从系统财务报表自动导入，×公司数据是来自于其他企业的数据库，行业数据是来自于宏观经济环境决策库。

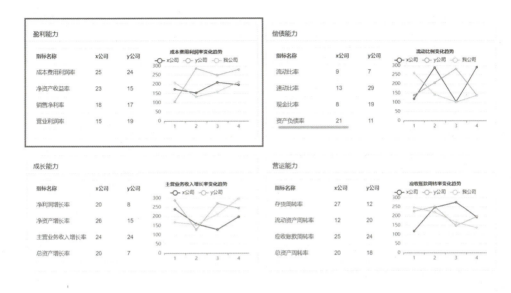

图 5 – 5　盈利能力分析

5.2　偿债能力

能否及时偿还到期债务，是反映企业财务状况好坏的重要标志。偿债能力分析能为智能决策提供企业债务风险方面的信息原料。本节将从理论基础和软件实操两个部分对偿债能力进行介绍。

5.2.1　理论基础

偿债能力是指企业用其资产偿还长期债务与短期债务的能力，企业有无支付现金的能力和偿还债务能力，是企业能否健康生存和发展的关键。企业偿债能力是反映企业财务状况和经营能力的重要标志。偿债能力是企业偿还到期债务的承受能力或保证程度，包括偿还短期债务和长期债务的能力（刘成竹和陈复昌，2012）。

通过对偿债能力的分析，可以考察企业持续经营的能力和风险，有助于对企业未来收益进行预测。企业偿债能力包括短期偿债能力和长期偿债能力两个方面。短期偿债能力是指企业以流动资产对流动负债及时足额偿还的保证程度，即企业以流动资产偿还流动负债的能力，反映企业偿付日常到期债务的能力，是衡量企业当前财务能力，特别是流动资产变现能力的重要指标。长期偿债能力是指企业对债务的承担能力和对偿还债务的保障能力。长期偿债能力的强弱是反映企业财务安全和稳定程度的重要标志。企业偿债能力的衡量指标主要有流动比率、速动比率、现金流动负债比率、资产负债率等。

1. 流动比率

流动比率表示每1元流动负债有多少流动资产作为偿还的保证。它可以反映公司流动资产对流动负债的保障程度。

$$流动比率 = 流动资产合计 \div 流动负债合计 \qquad (5-7)$$

2. 速动比率

速动比率表示每1元流动负债有多少速动资产作为偿还的保证，可以进一步反映流动负债的保障程度。

$$速动比率 = (流动资产合计 - 存货净额)/流动负债合计 \qquad (5-8)$$

3. 现金比率

现金比率表示每1元流动负债有多少现金及现金等价物作为偿还的保证，反映公司可用现金及变现方式清偿流动负债的能力。

$$现金比率 = (现金 + 现金等价物)/流动负债合计 \qquad (5-9)$$

4. 资产负债率

资产负债率是全部负债总额除以全部资产总额得出的百分比，也就是负债总额与资产总额的比例关系，也称之为债务比率。

$$资产负债率 = 负债总额 \div 资产总额 \qquad (5-10)$$

在系统中，只要导入数据就可以自动生成与偿债能力相关的各指标值，并生成可视化图表，方便使用者直观地了解企业偿债能力情况以及与标杆企业和行业均值的比较情况。

5.2.2　软件实操

用户可在智能决策系统界面左侧选择需要了解的业务单元，点击"四大能力分析"后，出现对应的分析界面。在导入公司数据后，选择公司、年份、季度，即可看到四力分析的详细结果。

功能描述

　　四大能力分析是基于企业财务报表数据的自动财务分析，它首先需要在系统中导入财务报表数据。包括两种导入方式：智能导入和 OCR 识别。为了检查数据导入的正确性，智能财务分析系统需要具备报表查看、修改和导出等功能。

系统内部流程

1. 流动比率

　　系统内部的流动比率运算如图 5 - 6 所示，此部分的数据来源主要是资产负债表，系统从自动生成的资产负债表中取数，在资产负债表中取流动资产、流动负债，随后在系统内部按照逻辑公式进行计算，最终得到结果进行展示。

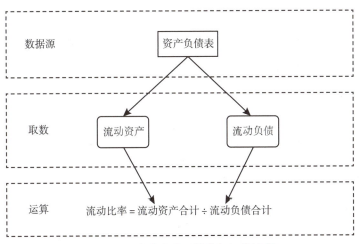

图 5 - 6　流动比率系统内部运算流程

2. 速动比率

　　系统内部的速动比率运算如图 5 - 7 所示，此部分的数据来源主要是资产负债表，系统从自动生成的资产负债表中取数，在资产负债表中取流动资产、存货、流动负债，随后在系统内部按照逻辑公式进行计算，最终得到结果进行展示。

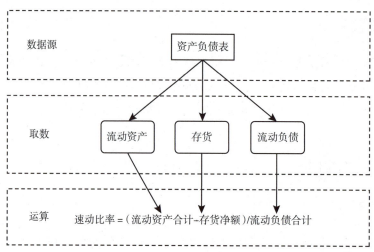

图 5-7   速动比率系统内部运算流程

3. 现金比率

系统内部的速动比率运算如图 5-8 所示，此部分的数据来源主要是资产负债表，系统从自动生成的资产负债表中取数，在资产负债表中取流动资产、存货、流动负债，随后在系统内部按照逻辑公式进行计算，最终得到结果进行展示。

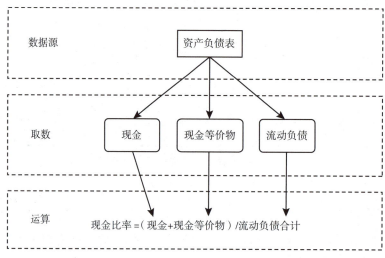

图 5-8   现金比率系统内部运算流程

4. 资产负债率

系统内部的资产负债率运算如图 5-9 所示，此部分的数据来源主要是资产负债表，系统从自动生成的资产负债表中取数，在资产负债表中取总资产、总负债，随后在系统内部按照逻辑公式进行计算，最终得到结果进行展示。

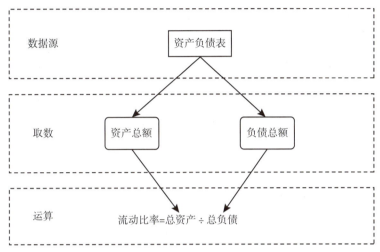

图5-9　资产负债率系统内部运算流程

结果展示

如图5-10所示，在"四大能力分析"页面，可以进入企业基础财务指标展示页面，用户可以选择不同年度查看偿债能力。其中本公司数据是从系统财务报表自动导入，×公司数据是来自于其他企业的数据库，行业数据是来自于宏观经济环境决策库。

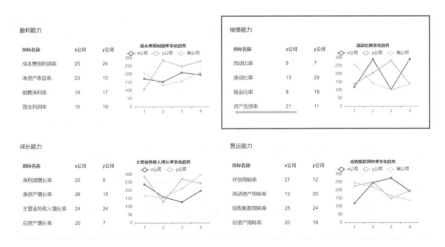

图5-10　偿债能力分析

5.3　营运能力

营运能力是指企业的经营运行能力，即企业运用各项资产以赚取利润的能力，能为智能决策提供企业经营方面的信息原料。本节将从理论基础和软件实操两个部分对营运能力进行介绍。

5.3.1　理论基础

企业营运能力的财务分析比率有：存货周转率、应收账款周转率、流动资产周转率和总资产周转率等，这些比率揭示了企业资金运营周转的情况，反映了企业对经济资源管理、运用的效率高低。企业资产周转越快，流动性越高，企业的偿债能力越强，资产获取利润的速度就越快。

1. 存货周转率

存货周转率是一定时期内企业销货成本与存货平均余额间的比率。它是反映企业销售能力和流动资产流动性的一个指标，也是衡量企业生产经营各个环节中存货运营效率的一个综合性指标。

在存货平均水平一定的条件下，存货周转率越高越好。即存货周转率越高，表明企业的销货成本数额增多，产品销售的数量增长，企业的销售能力加强。反之，则销售能力不强。企业要扩大产品销售数量，增强销售能力，就必须在原材料购进、生产过程中的投入、产品的销售、现金的收回等方面做到协调和衔接。因此，存货周转率不仅可以反映企业的销售能力，而且能用以衡量企业生产经营中各有关方面运用和管理存货的工作水平。

计算公式：

①以销货成本为基础，主要考察公司资产的流动性：

$$成本基础的存货周转率 = 营业成本/存货平均余额 \qquad (5-11)$$

②以营业收入为基础，主要考察公司的获利能力：

$$收入基础的存货周转率 = 营业收入/存货平均余额 \qquad (5-12)$$

2. 应收账款周转率

应收账款周转率是指在一定时期内应收账款转化为现金的平均次数。应收账款周转率又称为"收账比率"，它是企业在一定时期内赊销净额与应收账款平均余额的比率，也是用于衡量企业应收账款流动程度的指标。

计算公式为：

$$应收账款周转率 = 赊销收入净额 \div 应收账款平均余额 \times 100\% \quad (5-13)$$
$$应收账款平均余额 = (期初应收账款余额 + 期末应收账款余额) \div 2$$
$$赊销收入净额 = 当期销售净收入 - 当期现销收入 \quad (5-14)$$

3. 流动资产周转率

流动资产周转率是指企业一定时期内主营业务收入净额同平均流动资产总额的比率，流动资产周转率是评价企业资产利用率的一个重要指标。

流动资产周转率计算公式为：

$$流动资产周转率(次) = 主营业务收入净额 \div 平均流动资产总额 \quad (5-15)$$
$$平均流动资产总额 = (流动资产年初数 + 流动资产年末数) \div 2 \quad (5-16)$$

4. 总资产周转率

总资产周转率是衡量资产投资规模与销售水平之间配比情况的指标，体现了企业经营期间全部资产从投入到产出的流转速度，反映了企业全部资产的管理质量和利用效率。

总资产周转率计算公式：

$$总资产周转率(次) = 营业收入净额 \div 平均资产总额 \quad (5-17)$$
$$总资产周转率 = 销售收入 \div 总资产 \quad (5-18)$$

在系统中，只要导入数据就可以自动生成与营运能力相关的各项指标值，并生成可视化图表，方便使用者直观地了解企业营运能力情况以及与标杆企业和行业均值的比较情况。

5.3.2　软件实操

用户可在智能决策系统界面左侧选择需要了解的业务单元，点击"四大能力分析"后，出现对应的分析界面。在导入公司数据后，选择公司、年份、季度，即可看到四大能力分析的详细结果。

功能描述

四大能力分析是基于企业财务报表数据的自动财务分析，它首先需要在系统中导入财务报表数据。包括两种导入方式：智能导入和 OCR 识别。为了检查数据导入的正确性，智能财务分析系统需要具备报表查看、修改和导出等功能。

结果展示

如图 5 –11 所示，在"四大能力分析"页面，可以进入到企业基础财务指标展示页面，用户可以选择不同年度查看营运能力。其中本公司数据是从系统财务报表自动导入，×公司数据是来自于其他企业的数据库，行业数据是来自于宏观经济环境决策库。

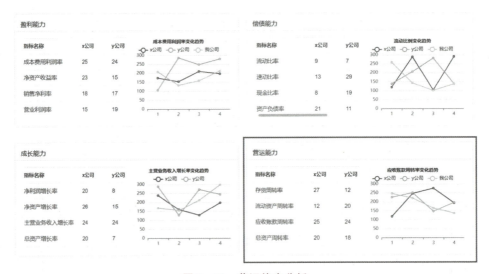

图 5 –11　营运能力分析

5.4　成长能力

企业成长能力分析是对企业扩展经营能力的分析，用于考察企业通过逐年收益增加或通过其他融资方式获取资金扩大经营的能力，能为智能决策提供企业发展成长方面的信息资料。本节将从理论基础和软件实操两个部分对成长能力进行介绍。

5.4.1　理论基础

企业成长能力是指企业未来的发展趋势与发展速度，包括企业规模的扩大、利润和所有者权益的增加。企业成长能力是指随着市场环境的变化，企业资产规模、盈利能力、市场占有率持续增长的能力，反映了企业未来的发展前景。企业成长能力分析的目的是说明企业的长远扩张能力、企业未来的生产经营实力。评价企业成长能力的主要指标包括以下三个。

1. 主营业务增长率

通常具有成长性的公司多数都是主营业务突出、经营比较单一的公司。因此，利用主营业务收入增长率这一指标可以较好地考察公司的成长性。主营业务收入增长率高，表明公司产品的市场需求大，业务扩张能力强。如果一家公司能连续几年保持30％以上的主营业务收入增长率，基本上可以认为这家公司具备成长性。

计算公式为：

主营业务增长率＝(本期的主营业务收入－上期的主营业务收入)/上期主营业务收入

$$(5-19)$$

2. 净利润增长率

净利润是公司经营业绩的最终结果。净利润的增长是公司成长性的基本特征，净利润增幅较大，表明公司的经营业绩突出，市场竞争能力强。反之，净利润增幅小甚至出现负增长也就谈不上具有成长性。

计算公式为：

净利润增长率＝(本年净利润－上年净利润)/上期净利　　$(5-20)$

3. 总资产增长率

总资产增长率是企业年末总资产的增长额同年初资产总额之比。本年总资产增长额为本年总资产的年末数减去年初数的差额，它是分析企业当年资本积累能力和发展能力的主要指标。总资产增长率，又名总资产扩张率，是企业本年总资产增长额同年初资产总额的比率，用于反映企业本期资产规模的增长情况。

计算公式为：

$$总资产增长率 = 本年总资产增长额 / 年初资产总额 \times 100\% \qquad (5-21)$$

在系统中，只要导入数据就可以自动生成与成长能力相关的各指标值，并生成可视化图表，方便使用者直观地了解企业成长能力情况以及与标杆企业和行业均值的比较情况。

5.4.2　软件实操

用户可在智能决策系统界面左侧选择需要了解的业务单元，点击"四大能力分析"后，出现对应的分析界面。在导入公司数据后，选择公司、年份、季度，即可看到四力分析的详细结果。

功能描述

四大能力分析是基于企业财务报表数据的自动财务分析，它首先需要在系统中导入财务报表数据。包括两种导入方式：智能导入和 OCR 识别。为了检查数据导入的正确性，智能财务分析系统需要具备报表查看、修改和导出等功能。

结果展示

如图 5-12 所示，在"四大能力分析"页面，可以进入企业基础财务指标展示页面，用户可以选择不同年度查看成长能力。其中本公司数据是从系统财务报表自动导入，×公司数据是来自于其他企业的数据库，行业数据是来自于宏观经济环境决策库。

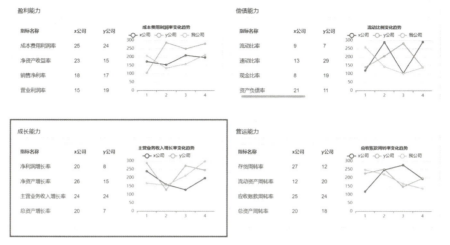

图 5－12　成长能力分析

5.5　本章小结

本章介绍了智能决策系统中四力分析部分的内容，包括企业的盈利能力、偿债能力、营运能力、成长能力。对这四种能力的动态可视化分析和横纵向对比，可以使企业对自身经营情况有一个完整的认识，发现存在的问题，为管理者的经营决策提供关键信息。

 思 考 题

1. 盈利能力主要包括哪些测度指标？
2. 企业短期和长期偿债能力分别反映了什么？
3. 为什么要分析企业成长能力？
4. 选择一家企业，尝试在系统中对其进行四力分析。

思考题要点及讨论请扫描以下二维码：

第6章

智能本量利分析

 **本章重点**

1. 掌握本量利分析的基本方法。
2. 熟悉本量利分析的具体内容。
3. 了解智能决策系统中本量利分析的分析思维和分析逻辑。
4. 熟悉和掌握智能决策系统中本量利分析的基本操作。

案例导入 *

    MCLY 公司成立于 2018 年 5 月，是市属国有企业。公司抢抓旅游数字化、智慧化发展机遇，推动旅游与互联网、科技融合发展，是联合行业龙头企业共同组建的一家国有控股的混合所有制企业。MCLY 公司以本量利分析模型为管理工具，根据"利润＝销售总收入×加权贡献毛益率－固定成本"这一公式，即：营业额与收益成正相关关系，营业额越大，利润越高；加权贡献毛益率与利润成正相关关系，权重贡献度愈高则收益越大；固定成本与利润成反比例关系，固定费用越少，收益越高。结合公司实际情况将相关数据优化后的本量利分析模型的两大公式进行综合应用，提出了"降成本、提质量、增效益"的战略目标，以达到中期和长期的利润目标。

    本量利分析是"成本—业务量—利润分析"的简称。它被用来研究产品价格、业务量（销售量、服务量或产量）、单位变动成本、固定成本总额、销售产品的品种结构等因素的相互关系，据以做出关于产品结构、产品订价、促销策略以及生产设备利用等决策的一种方法。本量利分析中最为人们熟悉的形式是盈亏

---

    * 详细案例和进一步讨论，请访问链接网址：http://zhongqishuzhi.com；或扫描章后二维码。

临界分析或称保本分析，许多人把两者等同起来。确切地说，盈亏临界分析只是全部本量利分析的一部分。显然，盈亏临界分析并非只着眼于找出一个不盈不亏的临界点或称保本点，它所期望的是获得尽可能好的经营成果。这种分析方法可以用来预测企业的获利能力；预测要达到目标利润应当销售多少产品（或完成多少销售额）；预测变动成本、销售价格等因素的变动对利润的影响等。本量利分析法是智能决策系统最核心的算法，基于各项目的基本运算关系，对企业的经营数据进行智能化分析，可以指导企业的生产经营活动，为其提供经营方案，提高企业的运行效率。

6.1　本量利分析的基本理论

在现实经济生活中，成本、销售数量、价格和利润之间的关系非常复杂。例如，成本与业务量之间可能呈线性关系，也可能呈非线性关系；销售收入与销售量之间也不一定是线性关系，因为售价可能发生变动。

6.1.1　本量利分析的基本假设

为了建立本量利分析理论，必须对上述复杂的关系做一些基本假设，由此来严格限定本量利分析的范围，对于不符合这些基本假设的情况，可以进行本量利扩展分析。本量利分析的基本假设如下所示。

1. 相关范围和线性关系假设

由于本量利分析是在成本性态分析的基础上发展起来的，所以成本性态分析的基本假设也就成为本量利分析的基本假设，也就是在相关范围内（指在一定期间和一定业务量范围内），固定成本总额保持不变，变动成本总额随业务量变化成正比例变化，前者用数学模型来表示就是 $y = a$，后者用数学模型来表示就是 $y = bx$，所以，总成本与业务量呈线性关系，即 $y = a + bx$。相应的，假设售价也在相关范围内保持不变，这样，销售收入与销售量之间也呈线性关系，用数学模型来表示就是以售价为斜率的直线 $y = px$（p 为销售单价）。这样，在相关范围内，成本与销售收入均分别表现为直线。

由于有了相关范围和线性关系这种假设，就把在相关范围之外，成本和销售收入分别与业务量成非线性关系的实际情况排除在外了。但在实际经济活动中，成本、销售收入和业务量之间却存在非线性关系这种现象。为了解决这一问题，将在后面放宽这些假设，讨论非线性条件下的情况。

2. 品种结构稳定假设

该假设是指在一个生产和销售多种产品的企业里，每种产品的销售收入占总销售收入的比重不会发生变化。但在现实经济生活中，企业很难始终按照一个固定的品种结构来销售产品，如果销售产品的品种结构发生较大变动，必然导致利润与原来品种结构不变假设下预计的利润有很大差别。有了这种假定，就可以使企业管理人员关注价格、成本和业务量对营业利润的影响。

3. 产销平衡假设

所谓产销平衡就是企业生产出来的产品总是可以销售出去的，能够实现生产量等于销售量。在这一假设下，本量利分析中的量就是指销售量而不是生产量，进一步讲，在销售价格不变时，这个量就是指销售收入。但在实际经济生活中，生产量可能不等于销售量，这时产量因素就会对本期利润产生影响。

6.1.2　从动态角度进行分析

正因为本量利分析建立在上述假设基础上，所以一般只适用于短期分析。在实际工作中应用本量利分析原理时，必须从动态的角度去分析企业生产经营条件、销售价格、品种结构和产销平衡等因素的实际变动情况，调整分析结论。积极应用动态分析和敏感性分析等技术来克服本量利分析的局限性。

1. 确定基本关系

在进行本量利分析时，应明确认识下列基本关系。

（1）在销售总成本确定的情况下，盈亏临界点的高低取决于单位售价的高低。单位售价越高，盈亏临界点越低；单位售价越低，盈亏临界点越高。

（2）在销售收入确定的情况下，盈亏临界点的高低取决于固定成本和单位变动成本的高低。固定成本越高，或单位变动成本越高，则盈亏临界点越高；反之，盈亏临界点越低。

（3）在盈亏临界点不变的前提下，销售量越大，企业实现的利润便越多

（或亏损越少）；销售量越小，企业实现的利润便越少（或亏损越多）。

（4）在销售量不变的前提下，盈亏临界点越低，企业能实现的利润便越多（或亏损越少）；盈亏临界点越高，企业能实现的利润便越少（或亏损越多）。

2. 确定盈亏临界点

确定盈亏临界点是进行本量利分析的关键。所谓盈亏临界点，就是指使贡献毛益与固定成本恰好相等时的销售量。此时，企业处于不盈不亏的状态。

盈亏临界点可以采用下列两种方法进行计算：

（1）按实物单位计算，其公式为：

$$盈亏临界点的销售量(实物单位) = 固定成本 / 单位产品贡献毛益$$
$$单位产品贡献毛益 = 单位产品销售收入 - 单位产品变动成本 \tag{6-1}$$

（2）按金额综合计算，其公式为：

$$盈亏临界点的销售额(用金额表现) = 固定成本 / 贡献毛益率$$
$$贡献毛益率 = 贡献毛益 / 销售收入；贡献毛益 = 销售收入 - 变动成本 \tag{6-2}$$

本量利分析是以成本性态分析和变动成本法为基础的，其基本公式是变动成本法下计算利润的公式，该公式反映了价格、成本、业务量和利润各因素之间的相互关系。即：

$$税前利润 = 销售收入 - 总成本 = 销售价格 \times 销售量 - (变动成本 + 固定成本)$$
$$= 销售单价 \times 销售量 - 单位变动成本 \times 销售量 - 固定成本$$

即：

$$P = px - bx - a = (p - b)x - a \tag{6-3}$$

其中，P 代表税前利润；p 代表销售单价；b 代表单位变动成本；a 代表固定成本；x 代表销售量。

该公式是本量利分析的基本出发点，以后的所有本量利分析可以说都是在该公式基础上进行的。本量利分析主要包括盈亏临界分析、品种构成分析、安全边际分析、目标利润分析、敏感性分析、生产能力利用率分析以及盈亏临界预测七个方面，本章将依次对其理论基础与软件实操进行介绍。

6.2　盈亏临界分析

盈亏临界分析是研究当企业恰好处于保本状态时本量利关系的一种定量分析方法。本节将从理论基础和软件实操两个部分对盈亏临界分析进行介绍。

6.2.1　理论基础

本量利分析中最为人们熟悉的形式是盈亏临界分析或称保本分析。盈亏临界分析并非只着眼于找出一个不盈不亏的临界点或称保本点，它所期望的是获得尽可能好的经营成果。这种分析方法可以用来预测企业的获利能力；预测要达到目标利润应当销售多少产品（或完成多少销售额）；预测变动成本、销售价格等因素的变动对利润的影响等。确定盈亏临界点，是进行本量利分析的关键。企业的盈利模型如下：

财务会计：

$$利润 = 收入 - 成本 - 费用 \tag{6-4}$$

管理会计：

$$利润 = 收入 - (变动成本 + 固定成本) \tag{6-5}$$

如果用 V 代表业务量，SP 代表销售价格，VC 代表单位变动成本，FC 代表固定成本，P 代表利润，则企业的盈利模型构建为：

$$P = SP \times V - VC \times V - FC = UCM \times V - FC \tag{6-6}$$

$$贡献毛益(CM) = 销售收入 - 变动成本$$

$$CM = SP \times V - VC \times V = (SP - VC) \times V = UCM \times V$$

$$单位贡献毛益(UCM) = 销售价格 - 单位变动成本 \tag{6-7}$$

企业盈利的根本：

（1）产品能否盈利：取决于 CM，即销售价格与单位成本的控制。

（2）企业是否盈利：取决于销售数量的控制。

（3）企业最终是否盈利：取决于固定成本的控制。

$$贡献毛益率 = CM/(SP \times V) \tag{6-8}$$

所谓盈亏临界点就是指使贡献毛益与固定成本恰好相等时的销售量。此时，企业处于不盈不亏的状态。盈亏临界点可以采用下列两种方法进行计算。

（1）按实物单位计算，其公式为：

$$盈亏临界点的销售量(实物单位) = 固定成本/单位产品贡献毛益 \tag{6-9}$$

（2）按金额综合计算，其公式为：

$$盈亏临界点的销售额(用金额表现) = 固定成本/贡献毛益率 \tag{6-10}$$

贡献毛益是指产品的销售收入扣除变动成本之后的金额，表明该产品为企业作出的贡献，也称贡献边际（contribution margin）、边际利润或创利额，是用来衡量产品盈利能力的一项重要指标。由于变动成本又分为制造产品过程中发生的变动生产成本和非制造产品过程中发生的变动非生产成本，所以贡献毛益也可以分为制造贡献毛益和营业贡献毛益两种，本书中如无特别说明，贡献毛益就是指扣除了全部变动成本的营业贡献毛益。

贡献毛益可以用总额形式表示，也可以用单位贡献毛益和贡献毛益率形式表示。

1. 贡献毛益总额

贡献毛益总额（total contribution margin，TCM）是指产品销售收入总额与变动成本总额之间的差额。用公式表示为：

$$贡献毛益总额 = 销售收入总额 - 变动成本总额 \tag{6-11}$$

由于：税前利润 = 销售收入总额 - 变动成本总额 - 固定成本 = 贡献毛益总额 - 固定成本，所以：

$$贡献毛益总额 = 税前利润 + 固定成本 \tag{6-12}$$

2. 单位贡献毛益

单位贡献毛益（unit contribution margin，UCM）是指单位产品售价与单位变动成本的差额。用公式表示为：

$$单位贡献毛益 = 销售单价 - 单位变动成本 \tag{6-13}$$

该指标反映了每销售一件产品所带来的贡献毛益。

贡献毛益率（contribution margin rate，CMR）是指贡献毛益总额占销售收入总额的百分比，或单位贡献毛益占单价的百分比。用公式表示为：

$$贡献毛益率 = 贡献毛益总额/销售收入总额 \times 100\%$$
$$= 单位贡献毛益/销售单价 \times 100\% \tag{6-14}$$

该指标反映了每百元销售收入所创造的贡献毛益。

与贡献毛益率相关的另一个指标是变动成本率（variable cost rate，VCR）。变动成本率是指变动成本总额占销售收入总额的百分比或单位变动成本占单价的百分比。用公式表示为：

$$变动成本率 = 变动成本总额/销售收入总额 \times 100\%$$
$$= 单位变动成本/单价 \times 100\%$$

将变动成本率与贡献毛益率两个指标联系起来，可以得出：

$$贡献毛益率 + 变动成本率 = 1$$

由此可以推出：

$$贡献毛益率 = 1 - 变动成本率；变动成本率 = 1 - 贡献毛益率 \qquad (6-15)$$

可见，变动成本率与贡献毛益率两者是互补的。企业变动成本率越高，贡献毛益率就越低；变动成本率越低，其贡献毛益率必然越高。

盈亏临界图是将销售收入曲线、变动成本曲线、固定成本曲线以及总成本曲线分别在直角坐标系中绘制，从而清楚地表明盈亏临界点的形成过程以及影响盈亏的因素变化。

例1：设某企业生产和销售单一产品，销售单价为60元，正常销售量为3000件，固定成本总额为50000元，单位变动成本为35元。该企业的盈亏临界图如图6-1所示。

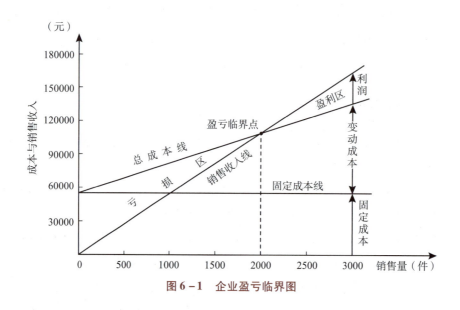

图6-1　企业盈亏临界图

此外，可以通过以下两种方法探究相关因素变动对盈亏临界点的影响。

（1）公式法。

$$盈亏临界点(V^*) = FC/(SP - VC) \qquad (6-16)$$

其中，固定成本下降会降低盈亏临界点，反之亦然；变动成本和销售价格提高会提高盈亏临界点，反之亦然；如果产品结构发生变动，那么盈亏临界点的变动取决于以各种产品的销售收入比例为权数的加权平均贡献毛益的变化情况。

（2）图示法。

①固定成本变动的影响（见图6-2）：

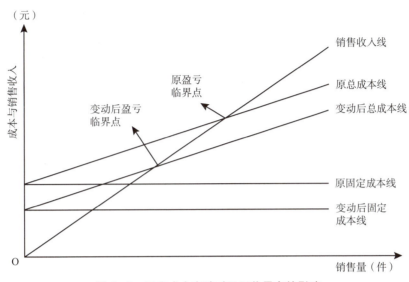

图6-2 固定成本变动对盈亏临界点的影响

②单位变动成本变动的影响（见图6-3）：

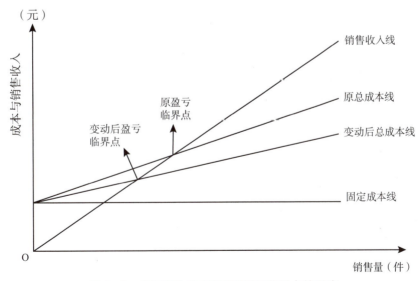

图6-3 单位变动成本变动对盈亏临界点的影响

③单位销售价格变动的影响（见图6-4）：

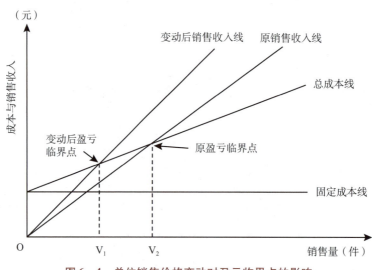

图6-4　单位销售价格变动对盈亏临界点的影响

　　盈亏临界点作业率，是指盈亏临界点销售量（额）占正常经营情况下销售量（额）的百分比。其公式为：

盈亏临界点作业率＝盈亏临界点销售量/正常经营销售量×100%

＝盈亏临界点销售额/正常经营销售额×100%

　　它可以为企业经营决策提供在何种业务量下企业将盈利，以及在何种业务量下企业会出现亏损等总括性的信息；也可以提供在业务量基本确定的情况下，企业降低多少成本，或增加多少收入才不至于亏损的特定经济信息。在特定情况下，也可以为企业内部制定经济责任制提供依据，比如，企业决策层——董事会对企业经营层下达了某年的利润总额和销售量的经营指标。

6.2.2　软件实操

　　在成本性态的分析下，总成本被划分为固定成本和变动成本两个部分，这为盈亏临界点的分析提供了前提条件。盈亏临界点是指销售收入等于销售成本时的销售量或销售收入。盈亏临界点分析是本量利分析的基础与核心，可以帮助企业预测在何种情况下达到利润为零的状态，根据销售成本、销售量和销售收入之间的函数关系推导可知。盈亏临界点分析不仅可用于企业计划和控制生产活动，也可用于企业合理规划多产品间经济资源的分配，最大化企业经济资源的效用，以达到企业预计的目标利润并估计经营风险。智能决策系统通过对企业的财务与业务数据进行智能化分析，可以自动计算相关的盈亏临界点数据，为管理者提供决策依据。用户可在智能决策系统界面左侧选择需要了解的业务单元，点击"量本利分析"后，左侧会展示具体的量本利分析条目，点击"盈亏临界分析"后，在导入公司数据的基础上，输入"销售单价""销售数量""固定成本""变动成本"的数值，点击"计算"，即可看到盈亏临界分析的详细结果。

功能描述

　　盈亏临界分析是基于企业财务与业务数据的自动分析，它需要在系统中添加特定产品的销售单价、销售数量、固定成本与变动成本，用户可以采取两种添加方式：智能导入和手工输入，此外还可以进行客户的选择，以观测企业不同客户对其盈亏临界点的影响差异。

操作步骤

　　如图 6-5 所示，在"量本利分析"模块，点击进入"盈亏临界分析"页面，用户可以手工输入"销售单价""销售数量""固定成本""变动成本"的数值，或者直接导入相关数据，必要时可以点击"选择客户"，然后点击"计算"，系统将会自动生成"盈亏临界图"。图 6-5 中主要展示了总成本线和销售收入线，用户在图中区域移动鼠标位置，可以直观地看到在不同的销售量下，企业相应的成本与销售收入的具体数值。在右侧"盈亏临界点"的区域内，系统会显示业务量、销售价格、单位变动成本与固定成本的初始设置值，并自动计算相应的单位贡献毛益、贡献毛益、贡献毛益率以及利润，还有企业的盈亏临界点销售量与盈亏临界点销售收入，而且同时展示了各项目的计算公式以供用户参考。

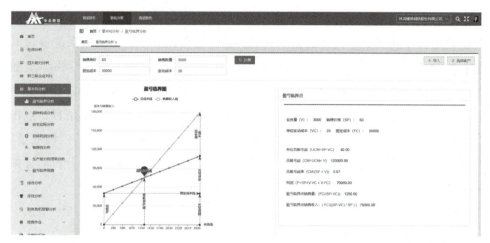

图 6 – 5　盈亏临界分析

6.3　品种构成分析

对企业生产产品的品种构成分析是通过多品种产品本量利分析来实现的，运用数字技术对企业的产品品种进行智能化分析，可以精确把握各种产品的边际贡献率，灵活调整产品策略，提高企业的市场竞争力。本节将从理论基础和软件实操两个部分对品种构成分析进行介绍。

6.3.1　理论基础

多品种产品本量利分析是企业内部经营实现定量化和科学化的重要内容。多品种产品的本量利分析，实质上是通过分析产品成本、销售利润和产品数量这三者的关系来分析产量的成本利润，也称为保本分析，寻找出企业运用最少的成本生产出最多的产品，使企业盈利能力增加，获得最大利润的方法。多种产品的本量利分析方法主要包括加权平均法、联合单位法、分算法、顺序法和主要品种法。

1. 加权平均法

加权平均法是在各种产品边际贡献的基础上，以各种产品的预计销售收入占总收入的比重为权数，确定企业加权平均的综合边际贡献率，进而分析多品种条件下本量利关系的一种方法。计算公式为：

$$\frac{加权平均}{贡献毛益率} = \sum \left(\frac{某种产品}{贡献毛益率} \times \frac{该产品的销售额占全部}{产品销售额的比重} \right) \quad (6-17)$$

$$综合保本点销售额 = 固定成本总额/加权平均贡献毛益率 \quad (6-18)$$

$$某产品保本点销售额 = 综合保本点销售额 \times 该产品销售比重 \quad (6-19)$$

$$某产品保本点销售量 = 该产品保本点销售额/该产品的单价 \quad (6-20)$$

2. 联合单位法

联合单位法是指在事先确定各种产品间产销实物量比例的基础上，将各种产品产销实物量的最小比例作为一个联合单位，确定每一联合单位的单价、单位变动成本，进行本量利分析的一种分析方法。基本计算步骤与公式如下：

首先，以各种产品销量的最小比例作为联合单位，即定义：联合单价＝一个联合单位的全部收入，联合单位变动成本＝一个联合单位的全部变动成本。其次，用下述公式分别计算联合保本量和产品的保本点。

$$联合保本量 = 固定成本总额/(联合单价 - 联合单位变动成本) \quad (6-21)$$

$$某产品保本点 = 联合保本量 \times 一个联合单位中包含的该产品的数量$$

$$(6-22)$$

3. 分算法

分算法是在一定的条件下，将全部固定成本按一定标准在各种产品之间进行合理分配，确定每种产品应补偿的固定成本数额，然后再对每一种产品按单一品种条件下的情况分别进行本量利分析的方法。计算公式为：

$$固定成本分配率 = 固定成本总额/各产品的分配标准合计 \quad (6-23)$$

$$某产品应分配的固定成本数额 = 分配率 \times 某产品的分配标准 \quad (6-24)$$

$$某产品的保本销量 = 该产品应分配的固定成本数额/(单价 - 单位变动成本)$$

【提示】分配标准的选择：鉴于固定成本需要由边际贡献来补偿，故按照各种产品的边际贡献比重分配固定成本的方法最为常见。

4. 顺序法

顺序法是指按照事先规定的品种顺序，依次用各种产品的边际贡献补偿整个企业的全部固定成本，直至全部由产品的边际贡献补偿完为止，从而完成本量利分析的一种方法。排序方法主要包括三种：一是乐观的排列，即按照各种产品的边际贡献率由高到低排列，边际贡献率高的产品先销售、先补偿，边际贡献率低的后销售、后补偿；二是悲观的排列，即假定各品种销售顺序与乐观排列相反；三是按照市场实际销路是否顺畅来确定，但这种顺序的确定缺乏统一的标准，存在一定的主观性。

5. 主要品种法

当企业产品品种较多的情况下，如果存在一种产品是主要产品，它提供的边际贡献占企业边际贡献总额的比重较大，代表了企业产品的主导方向，则可以按该主要品种的有关资料进行本量利分析，视同单一品种。主要产品法的计算方法与单一品种的本量利分析相同。

在上述五种方法中，联合单位法和主要品种法还可以进行进一步改进。联合单位法是在产品具有稳定产销比例关系的基础上，将企业具有稳定产销比例关系的产品组成联合单位，进而进行本量利分析的一种方法。主要品种法是从企业生产的多种产品中选择一个主要产品进行本量利分析的一种方法，该主要产品的边际贡献额要远大于其他产品。

6.3.2　软件实操

对于生产经营多品种产品的企业而言，需要根据既定经营目标来确定生产和销售的各种产品的种类构成、数量比例及产品系列的组合情况。产品品种结构分析是企业进行产品结构调整及新产品开发决策的前提和依据。在企业经营决策中，应该重视各产品可以为企业提供的边际贡献，选择边际贡献大的项目进行投资，以增加企业的价值。智能决策系统通过输入企业产品的生产与销售的相关数据，可以自动计算各产品的销售比重、贡献毛利以及贡献毛益率，从而直观反映可以为企业创造价值的关键项目，并结合企业当前的产品结构现状，运用科学方法，寻求最佳的产品品种组合，对当前的产品策略进行灵活调整，以获取最大的经济效益。用户可在智能决策系统界面左侧选择需要了解的业务单元，点击"量本利分析"后，左侧会展示具体的量本利分析条目，点击"品种构成分析"后，在导入公司数据的基础上，添加"产品名称""销售单价""销售数量""固定成本"与"变动成本"的数值，即可看到品种构成分析的详细结果。

功能描述

品种构成分析是基于企业生产销售多种产品数据的自动分析，它需要在系统中添加产品的名称、销售单价、销售数量、固定成本与变动成本，用户可以采取两种添加方式：智能导入和手工输入，此外还可以进行客户的选择，以观测企业面向不同客户的销售差异。

操作步骤

如图 6-6 所示，在"量本利分析"模块，点击进入"品种构成分析"页面，用户可以手工输入"产品名称""销售单价""销售数量""固定成本"与"变动成本"的数值，或者直接导入相关数据，必要时可以点击"选择客户"，然后点击"添加"，系统将会自动生成一张包含各产品相关数据的表格，表中在展示各产品的销售量、销售价格、变动成本的基础上，会自动计算出各产品的销售收入、占总收入的百分比、贡献毛利以及贡献毛益率，此外，用户还可以点击"操作"列下的"移除"按钮删除某一产品信息。

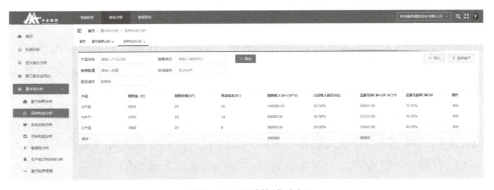

图 6-6　品种构成分析

6.4　安全边际分析

安全边际是指盈亏临界点以上的销售量，也就是现有或预期销售量超过盈亏临界点销售量的差额。安全边际是企业生产经营的警戒线，智能决策系统可以根据企业的业务数据精准分析企业产品的安全边际，并按照以往的经验标准，直观反映企业经营业务的安全性，从而使后续的产品投资具有一定的分析意义，同时管控好企业的经营风险。本节将从理论基础和软件实操两个部分对安全边际分析进行介绍。

6.4.1　理论基础

安全边际是指企业管理者允许在给定的期限内承担一定风险换取最大回报的行为。安全边际与企业的目标有关，即企业管理者希望在投资上取得最大的回报，而不是仅仅满足于安全的风险。安全边际就是企业管理者在投资风险和期望回报之间进行的权衡。这说明，以确保期望的回报和投资风险的最小值之间的平衡是企业管理者关心的一点。本节将对安全边际的概念与衡量方法进行详细介绍。

1. 安全边际的概念

安全边际是"危险边际"的对称，是现有（预计未来可以实现的）销售量与盈亏临界点销售量的差额，因此安全边际是以绝对量反映企业经营风险程度的。而衡量企业经营风险程度大小的相对量指标是安全边际率，安全边际率是安全边际与现有（预计未来可以实现的）销售量的比值。一般说来，当安全边际或安全边际率较大时，企业对市场衰退的承受力也较大，其生产经营的风险程度较小，而当安全边际或安全边际率较小时，企业对市场衰退的承受力也较小，其生产经营的风险程度将较大。

根据定义，只有当价值被低估的时候才存在安全边际或安全边际为正，当价值与价格相当的时候安全边际为零，而当价值被高估的时候不存在安全边际或安全边际为负。价值投资者只对价值被低估特别是被严重低估的对象感兴趣。安全边际不保证能避免损失，但能保证获利的机会比损失的机会更多。对于债券或优先股而言，安全边际代表盈利能力超过利率或者必要红利率，或者代表企业价值超过优先索赔权的部分。对于普通股而言，安全边际代表计算出的内在价值高于市场价格的部分，或者特定年限预期收益或红利超过正常利息率的部分。安全边际也可叫作安全幅度，是指盈亏临界点以上的销售量，也就是现有销售量超过盈亏临界点销售量的差额。它标志着从现有销售量或预计可达到的销售量与盈亏临界点之间，还有多大的差距。此差距说明现有或预计可达到的销售量再降低多少，企业才会发生损失。差距越大，则企业发生亏损的可能性就越小，企业的经营就越安全。

2. 安全边际的衡量

在安全边际的衡量方面，格雷厄姆第一个在证券分析中提出了"内在价值"的概念："证券分析家似乎总是在关注证券的内在价值与市场价格之间的差距。但是，我们又必须承认，内在价值是一个非常难以把握的概念。一般来说，内在价值是指一种由事实，如资产、收益、股息、明确的前景，作为根据的价值，它有别于受到人为操纵和心理因素干扰的市场价格①。"格雷厄姆衡量股票安全边际的计算方法，来源于债券投资。债券的安全边际是指公司过去几年连续保持税前利润超过应付利息费用 5 倍以上，多出应付利息费用的盈利部分，就形成了安全边际，即使公司未来盈利出现下降，也可以保障债券投资人的安全，使其照样能够还本付息。格雷厄姆认为，经过修正后，债券的安全边际概念同样可以运用到股票投资上。正常情况下，普通股投资的安全边际是指未来预期盈利能力大大超过债券利率水平。比如，根据每股收益除以当前股价计算的投资收益率是 9%，而债券利率是 4%，那么股票投资人就拥有 5 个百分点的安全边际。巴菲特计算股票内在价值的方法与格雷厄姆不同，所以衡量安全边际的标准也不同。内在价值可以简单地定义如下：它是一家企业在其余下的寿命中可以产生的现金流量的贴现值。"用贴现现金流公式计算出价值相对于市场价格最便宜的股票是投资者应该买入的股票，无论公司是否在增长，无论公司的盈利是波动还是平稳，或者无论市盈率和股价与每股账面价值的比率是高是低。"然而安全边际率模型主要用于企业分析其经营的安全程度，此时安全边际可以用绝对数和相对数两种形式来表现，其计算公式为：

$$安全边际 = 现有销售量 - 盈亏临界点销售量 \qquad (6-25)$$

$$安全边际率 = 安全边际 \div 现有销售量 \qquad (6-26)$$

因为只有盈亏临界点以上的销售额（即安全边际部分）才能为企业提供利润，所以销售利润又可按下列公式计算：

$$销售利润 = 安全边际销售量 \times 单位产品贡献毛益$$

$$= 安全边际销售额 \times 产品贡献毛益率$$

$$销售利润率 = 安全边际率 \times 贡献毛益率 \qquad (6-27)$$

此外，以盈亏临界点为基础，还可得到另一个辅助性指标，即达到盈亏临界点的作业率。其计算公式为：

---

① 本杰明·格雷厄姆，邱巍，等. 证券分析 [M]. 海口：海南出版社，1999.

$$达到盈亏临界点的作业率 = 盈亏临界点的销售量/正常开工的作业量$$

$$(6-28)$$

当企业作业率低于盈亏临界点的作业率时就会亏损，所以，该指标对企业的生产安排具有一定的指导意义。在应用分析方面，安全边际量或安全边际额的数值越大，企业发生亏损的可能性就越小，企业也就越安全。同样地，安全边际率数值越大，企业发生亏损的可能性就越小，说明企业的业务经营也就越安全。很显然上述指标属于绝对数指标，不便于不同企业和不同行业之间进行比较。西方企业评价安全程度的经验标准，如表 6-1 所示。

表 6-1 　　　　　　　　　　　　　企业安全性经验标准

标准	10%以下	10%~20%	20%~30%	30%~40%	40%以上
安全程度	非常危险	危险	值得注意	安全	非常安全

6.4.2　软件实操

安全边际是指正常销售额（量）超过盈亏临界点销售额（量）的差额，它表明销售额（量）下降多少企业仍不亏损，是企业的经营红线。企业需精准把握各产品生产经营的安全性，从而管控好企业的经营风险，对于存在经营风险的产品项目予以重点关注。智能决策系统通过对产品的实际销售数据与事先确定的盈亏临界点的销售数值进行自动化分析，自动计算各产品的安全边际与安全边际率，为用户直接呈现产品的安全性情况。用户可在智能决策系统界面左侧选择需要了解的业务单元，点击"量本利分析"后，左侧会展示具体的量本利分析条目，点击"安全边际分析"后，在导入公司数据的基础上，添加"产品名称""销售单价""销售数量""盈亏临界点销售量"的数值，即可看到安全边际分析的详细结果。

功能描述

安全边际分析是基于企业产品销售数据的自动分析，它需要在系统中添加产品的名称、销售单价、销售数量与盈亏临界点销售量，用户可以采取两种添加方式：智能导入和手工输入，此外还可以进行客户的选择，以观测企业面向不同客户的销售差异。

操作步骤

如图 6-7 所示，在"量本利分析"模块，点击进入"安全边际分析"页面，用户可以手工输入"产品名称""销售单价""销售数量""盈亏临界点销售量"的数值，或者直接导入相关数据，必要时可以点击"选择客户"，然后点击"添加"，系统将会自动生成一张包含各产品销售数据的表格，表中在显示各产品的销售量、销售价格、盈亏临界点销售量的基础上，会自动计算出各产品的安全边际与安全边际率，并显示目前对于企业生产经营的安全程度。此外，用户还可以点击"操作"列下的"移除"按钮删除某一产品信息。

图 6-7　安全边际分析

6.5　目标利润分析

目标利润是指企业在未来一段时间内，经过努力应该达到的最优化控制目标，它是企业未来经营必须考虑的重要战略目标之一。在企业现有定价政策与成本消耗水平下，智能决策系统可以根据企业设定的目标利润水平，快捷计算当下企业需要实现的产品销售量与销售额，明晰企业的销售目标，从而保证利润目标的实现。本节将从理论基础和软件实操两个部分对目标利润分析进行介绍。

6.5.1　理论基础

目标利润分析实际上是盈亏临界点分析的延伸和扩展，目标利润分析是项目经营预期实现的利润目标，是根据拟投资项目的具体条件，在全面分析研究了项目开发收入与成本因素之后，经过充分的市场调查和反复的计算平衡确定的。目标利润分析是保本分析的延伸和拓展。目标利润分析首先应运用科学方法确定企业应达到的利润水平，然后再计算目标利润水平下企业应实现的销售量与销售额。

1. 目标利润的确定

目标利润是指企业在一定时间内实现的预期经营目标，反映了一定时间的财务、经营状况和经济效益。计划利润、最优利润、同行业先进利润水平、企业历史先进利润水平等均可作为目标利润。目前确定目标利润的方法主要有以下四种。

（1）本量利分析法。

本量利分析法是利用产品销售价格、销售数量、固定成本、变动成本和利润之间的变化规律来预测目标利润的一种方法。本量利分析法的应用应以充分调查研究市场为基础。通过对市场的调查分析，首先，科学预测产品的销量；其次，分析预测企业的固定成本、变更成本和贡献毛利率；最后，确定目标利润。

（2）相关比率法。

与目标利润相关的比率主要包括销售利润率、成本利润率、业务杠杆率和资本净利率。经理可以根据这些比率，并根据预测结果确定目标利润。

（3）简单的利润增长率计算方法。

利润增长率计算方法也是企业确定目标利润的常用方法。主要适用于稳定发展的企业。用这种方法确定目标利润，即根据企业历史上最好的利润水平、上年达到的利润水平、过去几年特别是近两年利润增长率的变化趋势和幅度，确定预期利润增长率，然后计算目标利润。

（4）基准瞄准法。

基准是基于最强的竞争企业或行业领先、最著名的企业，对其产品、服务和管理措施的实际情况和基准定量作出评价和比较，分析基准企业绩效达到优秀水平的原因，在此基础上选择改进的最佳策略，在企业中不断重复、改进和提高企业绩效管理方法。其应用范围非常广泛，企业可以进行全面、全过程、多层次的基准管理，也可以对企业的经济活动进行基准管理。

2. 销售数量和金额的确定

如果企业在经营活动开始之前，根据有关收支状况确定了目标利润，就可以计算为实现目标利润而必须达到的销售数量和销售金额，计算公式如下：

$$目标利润 = (单价 - 单位变动成本) \times 销售量 - 固定成本 \qquad (6-29)$$

$$目标利润销售量 = (固定成本 + 目标利润) \div 单位边际贡献 \qquad (6-30)$$

$$目标利润销售额 = (固定成本 + 目标利润) \div 边际贡献率 \qquad (6-31)$$

$$目标利润销售额 = 目标利润销售量 \times 单价 \qquad (6-32)$$

其中，相关因素变动对实现目标利润的影响如下所示。

（1）固定成本变动，其他因素不变，固定成本与实现目标利润的销量正相关。

（2）单位变动成本变动，其他因素不变，单位变动成本与实现目标利润的销量正相关。

（3）单位售价变动，其他因素不变，单位售价与实现目标利润的销量负相关。

【提示】上述公式中的目标利润一般是指息税前利润。如果企业预测的目标利润是税后利润，则上述公式应作如下调整：

$$税后利润 = (息税前利润 - 利息) \times (1 - 所得税税率) \qquad (6-33)$$

因此：

$$实现目标利润的销售量 = \left[固定成本 + \frac{税后目标利润}{1 - 所得税税率} + 利息 \right] \Big/ 单位边际贡献$$

$$(6-34)$$

$$实现目标利润的销售额 = \left[固定成本 + \frac{税后目标利润}{1 - 所得税税率} + 利息 \right] \Big/ 边际贡献率$$

$$(6-35)$$

应该注意的是，目标利润销售量公式只能用于单一产品的目标利润控制；而目标销售额既可以用于单一产品的目标利润控制，也可以用于产品组合的目标利润控制。

产品组合的目标利润分析通常采用以下公式：

$$实现目标利润的销售额 = (综合目标利润 + 固定成本) \div (1 - 综合变动成本率)$$

$$(6-36)$$

6.5.2　软件实操

目标利润分析是企业经营管理中不可缺少的重要环节。它是企业根据客观实际条件，在经济效益最大化的目标下，划定企业可以实现的最高利润的过程。通过分析企业的可能收益和可能损失，预测企业未来的总体销售收入，从而确定实际利润水平和目标利润水平，并实施有效的管理措施以达到预期的利润目标。目标利润的分析，首先，要考虑的是客户的购买行为以及所处的市场环境，分析行业发展趋势、竞争对手的表现以及市场容量等因素。其次，需要根据企业自身市场定位，分析自身的优势与不足，加以发展应对策略，提出可行的市场行动计划。在对客户需求进行了解的基础上，结合企业的成本结构，分析及评估各项费用，确定最优的经营结构，从而确定企业的目标利润水平。最后，企业还应制定可行的利润获取策略，以执行利润分析及利润管理。这些策略包括提高产品价格、优化财务结构、改进生产流程、提高销售效率、采用更高效的财务管理和业务管理等。其中，财务管理是企业发展和经营改善的根本，是企业提高盈利能力的重要保障。企业通过目标利润分析，可以更清楚地了解客户需求、行业发展趋势、市场环境及竞争对手状况，并根据自身优势加以发展，制定可行的利润获取策略，以应对市场变化，保障企业可持续发展。用户可在智能决策系统界面左侧选择需要了解的业务单元，点击"量本利分析"后，左侧会展示具体的量本利分析条目，点击"目标利润分析"后，在导入公司数据的基础上，输入"销售单价""固定成本""变动成本""目标利润""纳税比例"的数值，即可看到目标利润分析的详细结果。

功能描述

目标利润分析是基于企业财务数据的自动分析，它需要在系统中添加销售单价、固定成本、变动成本、目标利润与纳税比例的数据，用户可以采取两种添加方式：智能导入和手工输入，此外还可以进行客户的选择。

操作步骤

如图 6-8 所示，在"量本利分析"模块，点击进入"目标利润分析"页面，用户可以手工输入"销售单价""固定成本""变动成本""目标利润""纳税比例"的数值，或者直接导入相关数据，必要时可以点击"选择客户"，然后点击"计算"，系统将会自动生成一张包含税前利润和税后利润数值的利润分析图。在右侧"目标利润分析"的区域内，系统会显示目标利润、销售价格、单位变动成本以及固定成本的初始设置值，并会自动计算出目标利润的销售量、目标利润的销售额与单位贡献毛益，同时还会生成税后目标利润、税后目标利润的销售量，以及税后目标利润的销售额的数据。

图 6-8　目标利润分析

6.6　敏感性分析

敏感性分析是指从众多不确定性因素中找出对投资项目经济效益指标有重要影响的敏感性因素，并分析、测算其对项目经济效益指标的影响程度和敏感性程度，进而判断项目承受风险能力的一种不确定性分析方法。智能决策系统可以根据企业相关产品的生产销售数据，对各类产品进行敏感性分析，反映其对利润的影响程度，帮助企业控制经营风险。本节将从理论基础和软件实操两个部分对敏感性分析进行介绍。

6.6.1　理论基础

敏感性分析是一种广泛应用的分析方法，其分析原理来自经济学中弹性的概念,具体是指几个因素共同影响利润的实现时,每次只分析其中一个因素的变化幅度会引起利润变化的幅度。下文将对敏感性分析的研究内容与运用进行详细介绍。

1. 敏感性分析的研究内容

敏感性分析的研究内容不再限定于给定的目标利润或保本点,而是放松 CVP 模式的其中一个假设,研究该因素的变化对利润的一般性影响。每个敏感系数都只是放开了一个变量的假设,其他假设仍然遵循。一般性敏感性分析主要研究两个问题:一是每个影响因素对利润影响的临界值;二是每个影响因素对利润的单独影响程度,即计算敏感系数。其中有关因素对利润影响的敏感系数计算公式为:

$$敏感系数 = 目标值变动百分比 / 因素值变动百分比 \qquad (6-37)$$

敏感性分析是本量利分析的重要组成部分,可以用于揭示企业实现目标利润涉及的每个因素的影响程度,从而引导企业的决策者关注这些因素的影响程度,合理制定企业利润目标、开展成本管理、设定业务量规模等。本量利关系中的敏感性分析,主要是研究销售单价、单位变动成本、固定成本和销售量这些因素变动对盈亏临界点和目标利润的影响程度。具体说来,本量利关系中的敏感性分析就是分析由盈利转为亏损时各因素的变化情况及对利润的敏感性,也就是计算出达到盈亏临界点的销售量、销售单价的最小允许值以及单位变动成本和固定成本的最大允许值,分析结果警示企业陷入亏损的各种情形以及未来的经营风险,当行业进入成熟期,一些企业往往面临微利甚至亏损,企业应该根据经营状况的变化提前采取相应措施进行防范与风险化解,以便掌握经营主动权。有关因素临界值的确定方法如下:

由实现目标利润的模型:

$$目标利润 = 销售量 \times (销售单价 - 单位变动成本) - 固定成本$$

可以推导出当目标利润为零时有关因素最大、最小值的相关公式:

$$销售量 = (目标利润 + 固定成本) / (销售单价 - 单位变动成本) \qquad (6-38)$$

$$销售单价 = (目标利润 + 固定成本) / 销售量 + 单位变动成本 \qquad (6-39)$$

$$单位变动成本 = 销售单价 - (目标利润 + 固定成本) / 销售量 \qquad (6-40)$$

$$固定成本 = 销售量 \times (销售单价 - 单位变动成本) - 目标利润 \qquad (6-41)$$

2. 敏感性分析的运用

分析利润的敏感性是分析销售量、销售单价、单位变动成本和固定成本各因素变化对利润的影响程度，在这些因素中，有些因素微小的变化可能导致利润很大的变化，这说明利润对该因素很敏感，该因素被称为敏感因素；而有些因素很大的变化只导致利润微小的变化，说明利润对该因素不敏感，该因素被称为不敏感因素。根据敏感性分析结果与企业实际经营情况相结合，以便于企业明确主攻方向和资源投入重点，以提升企业经营利润和长期竞争优势，当行业处于成长期时，企业往往会加大投入和扩充产品线，通过敏感性分析为企业的投资决策提供决策支持，减少投资失误，提高投资回报率。

目前敏感性分析的运用主要体现在两个方面：一是企业盈亏平衡状况下的要求，即令收入 – 变动成本 – 固定成本 =0，假设其他因素不变，求其中某一因素的最低限要求；二是各指标变化对利润的影响程度，即敏感系数，其中，敏感系数 = 利润的变动幅度 ÷ 某一因素的变动幅度。

6.6.2　软件实操

敏感性分析法是指从众多不确定性因素中找出对投资项目经济效益指标有重要影响的敏感性因素，并分析、测算其对项目经济效益指标的影响程度和敏感性程度，进而判断项目承受风险能力的一种不确定性分析方法。敏感性分析有助于确定哪些风险对项目具有最大的潜在影响。它把所有其他不确定因素保持在基准值的条件下，考察项目的每项要素的不确定性对目标产生多大程度的影响。在敏感性分析中，首先应找出影响项目经济效益变动的敏感性因素，并分析敏感性因素的变动原因，并为进一步进行不确定性分析（如概率分析）提供依据，其次需要研究不确定性因素变动引起项目经济效益值变动的范围或极限值，分析判断项目承担风险的能力，最后通过比较多方案的敏感性大小，以便在经济效益值相似的情况下，从中选出不敏感的投资方案。而用户可在智能决策系统界面左侧选择需要了解的业务单元，点击"量本利分析"后，左侧会展示具体的量本利分析条目，点击"敏感性分析"后，在导入公司数据的基础上，添加"产品名称""销售单价""销售数量""固定成本""变动成本""增长系数"的数值，即可看到敏感性分析的详细结果。

功能描述

敏感性分析是基于企业各种产品财务数据的自动分析，它需要在系统中添加产品的名称、销售单价、销售数量、固定成本与变动成本，并完成增长系数的设置，用户可以采取两种添加方式：智能导入和手工输入，此外还可以进行客户的选择，以观测企业面向不同客户的销售差异。

操作步骤

如图 6 - 9 所示，在"量本利分析"模块，点击进入"敏感性分析"页面，用户可以手工输入"产品名称""销售单价""销售数量""固定成本""变动成本""增长系数"的数值，或者直接导入相关数据，必要时可以点击"选择客户"，然后点击"添加"，系统将会自动生成一张包含各产品相关数据的表格，表中在展示各产品的销售量、销售价格、变动成本、目标利润的基础上，会自动计算出各产品对应的销售量敏感系数、固定成本敏感系数、变动成本敏感系数，此外，用户还可以点击"操作"列下的"移除"按钮删除某一产品信息。

图 6 - 9　敏感性分析

6.7　生产能力利用率分析

生产能力利用率也被称作设备利用率，它衡量了生产能力或者设备被利用的程度。通过对企业的生产能力利用率进行智能化分析，可以快速识别企业的哪种生产销售组合策略能提高企业的生产能力利用率，从而可以指导企业的生产经营决策。本节将从理论基础和软件实操两个部分对生产能力利用率分析进行介绍。

6.7.1　理论基础

生产能力利用率是指企业发挥生产能力的程度。显然，如果一个企业的生产能力利用率高，单位产品的固定成本就会相对较低。因此，有必要分析自己和竞争对手的生产能力利用率。分析的目的是找出在生产能力利用率方面与竞争对手的差距，分析造成这种差距的原因，并改进企业的业务流程，提高企业的生产能力利用率，降低企业的生产成本，接下来将对生产能力利用率的概念与计算进行详细介绍。

1. 生产能力利用率的概念

生产能力利用率可以反映经济的运行是否处于资源充分利用的状态，所以生产能力利用率又是衡量经济景气程度以及分析经济运行效率的一个非常重要的指标。在企业中，生产能力利用率是指实际产出与生产能力的比值。其中，企业的实际产出是指报告期内生产的产品产量或产值；企业的生产能力是指在报告期内，在劳动力、原材料、燃料、运输等保证供给的情况下，生产设备（机械）保持正常运行时，企业可能实现的并能长期维持的产品产出。实际产出和生产能力既可以是价值量指标也可以是物量指标，计算时分子分母保持一致即可，我国采用价值量指标。

生产能力利用率是所有企业的核心竞争力。从外部财务的视角分析企业的生产能力利用率是检验财务报表真实性和可靠性的一项必备技术。所有投资决策、借款决策，比如专业投资机构或者投资者，再如银行或者金融机构以及企业外部的利益相关者（比如，供应商等）在作出决策时，可以通过企业的生产能力利用率财务分析工具来取得决策所需要的关键信息。生产能力利用率是一个很重要的指标，尤其是对于制造企业来说，它直接关系到企业生产成本的高低，可以反映企业发挥生产能力的程度，很显然，企业的生产能力利用率越高，则单位产品的固定成本就相对较低。该指标越接近百分之百，这说明生产能力利用越充分，实际产出与潜在产出之差越小，经济发展质量越高；反之，说明有部分生产能力被闲置，实际经济发展速度小于潜在经济发展速度，经济发展质量有待提高。工业产品生产能力利用率作为反映某种产品现有能力利用程度的统计指标，是研究和评价工业产品的生产和需求之间是否平衡，产品结构是否合理以及现有能力是否充分利用的重要统计资料，也是企业决策产品生产投资方向的重要参考依据之一。

2. 生产能力利用率计算

根据美联储确定的产品生产能力利用率的标准，工业产品生产能力利用率达到83%以上，表示设备得到充分利用。同时说明该产品可能出现"供不应求"的现象，即该产品生产能力低于市场需求总规模，不能满足人们生产和生活的需求，企业可以投资于该产品的生产能力的建设。反之，则表明现有能力利用不够充分，其原因是该产品形成的生产能力高于市场需求总规模，产能过剩，造成资源浪费。因此，工业产品生产能力利用率计算的科学性就显得尤为重要。

生产能力利用率的计算公式为：

$$生产能力利用率 = (实际产量/生产能力) \times 100\% \qquad (6-42)$$

生产能力的度量是困扰学术界的一个主要问题。由于没有产能利用的直接统计数据，所以产能利用状态必须依靠间接的度量方法才能实现。生产能力的度量方法大致上可以分为峰值分析法、随机参数生产前沿面方法（SPF）、非参数生产前沿面（DEA）的数据包络分析方法以及在第三种方法基础上发展起来的要素拥挤度方法四大类，这四类方法的共同原理都是以实际生产状态和最好或者有效生产状态的比较作为过剩状态的度量。随机参数生产前沿面方法和非参数生产前沿面的数据包络分析方法都是以生产前沿面方法为基础的效率度量来刻画产能利用状态的，不同之处在于生产前沿面的刻画方法，前者使用的是参数方法，后者使用的是非参数方法。DEA方法可以分析单产出和多产出，但是它没有考虑数据的随机变动，因而对过剩产能的测度会比剔除有利的随机成分时要小一些。较DEA方法而言，SPF方法的优点是将产出的随机变化考虑进来，缺点是计算起来非常复杂，需要多产出的距离函数，而且在产出为零的时候不好处理。峰值法的优势是只需要有单投入和单产出的数据就可以，因而在用数学手段估计产能利用率的方法中，它是最广泛适用的和对数据要求最低的。

6.7.2　软件实操

企业的生产能力是指报告期内，在劳动力、原材料、燃料、运输等保证供给的情况下，生产设备（机械）保持正常运行时，企业可实现的，并能长期维持的总产出。而企业的实际产出是指企业报告期内的总产值（或产量）。生产能力利用率是实际产出与生产能力的比值。该指标可以反映经济中需求因素的变化、产能是否得到了充分利用以及经济运行是否有效率等经济现象，衡量经济是否景气。聚焦到企业层面，生产能力利用率还可以反映企业的资源利用效率。产能利用率过低，会造成人员、生产设备的闲置及成本的浪费；另外，产能利用率亦可评估产能扩充的需求程度，若产能利用率过高，可能表示产能有扩充的必要性，应拟定扩充计划，以免受限于固定产能而影响交货期。因此明确各种生产销售组合策略下企业的生产能力利用率情况对企业的生产经营至关重要。用户可在智能决策系统界面左侧选择需要了解的业务单元，点击"量本利分析"后，左侧会展示具体的量本利分析条目，点击"生产能力利用率分析"后，在导入公司数据的基础上，添加"生产力""销售单价""销售数量""固定成本""变动成本"的数值，即可看到生产能力利用率分析的详细结果。

功能描述

生产能力利用率分析是基于企业生产与销售数据的自动分析，它需要在系统中添加企业对某一产品的生产力、销售单价、销售数量、固定成本与变动成本，用户可以采取两种添加方式：智能导入和手工输入，此外还可以进行客户的选择，从而观察在不同情况下企业生产能力的利用程度。

操作步骤

如图 6 - 10 所示，在"量本利分析"模块，点击进入"生产能力利用率分析"页面，用户可以手工输入"生产力""销售单价""销售数量""固定成本""变动成本"的数值，或者直接导入相关数据，必要时可以点击"选择客户"，然后依次点击"添加""计算"按钮，系统将会自动生成相应的图与表，左侧的表格区域展示了在不同的生产能力、销售量、销售单价、单位变动成本下，企业的销售收入、变动成本、固定成本以及总成本的相应数值。在右侧的"生产能力图"中，用户在图中区域移动鼠标位置，可以直观地看到在不同的生产能力下，企业相应的变动成本、固定成本、总成本以及销售收入的具体数值。

图 6 – 10   生产能力利用率分析

6.8   盈亏临界点预测

盈亏临界点预测是根据"本量利"分析法，通过分析销售量（或销售收入）、销售成本和目标利润三者之间的关系，预测企业盈亏临界点，即保证企业经营中既不获取利润，也不蒙受亏损的产品销售水平。盈亏临界点由固定成本、产品的销售价格与变动成本共同决定，智能化决策系统将根据提供的相关业务数据，快速计算企业的盈亏临界点，将企业的实际销售情况与盈亏临界点数据进行对比，帮助用户初步掌握企业的经营情况。本节将从理论基础和软件实操两个部分对盈亏临界点预测进行介绍。

6.8.1   理论基础

盈亏临界点通常用一定的业务量来表示，明确企业的盈亏临界点对指导企业的生产经营管理工作至关重要，本部分将对盈亏临界点的概念与计算进行详细介绍。

1. 盈亏临界点的概念

盈亏临界点是指企业收入和成本相等的经营状态。盈亏临界点分析也称保本点分析。首先，它可以为企业经营决策提供在何种业务量下企业会盈利，以及在何种业务量下企业会出现亏损等总括性的信息；其次，可以提供在业务量基本确定的情况下，企业降低多少成本，或增加多少收入才不至于亏损的特定经济信息；最后，在特定情况下，也可以为企业内部制定经济责任制提供依据，比如，企业决策层即董事会对企业经营层下达了某年的利润总额和销售量的经营指标。如果达不到这个双重经营指标，职工的工资总额就要削减，那么，经营层在制定对经销部门、生产部门的考核指标或者在制定考核经济责任制时，就可以用到盈亏临界点分析。盈亏临界点分析是企业管理中的一项重要工作，用于寻找企业的生产和经营瓶颈，解决企业存在的经济问题。该分析方法可以为管理层提供综合性的信息，指导企业经营决策，如在何种业务量下能够实现盈利，或者在何种业务量下会亏损。通过盈亏临界点分析可以清楚地了解厂商运营过程中的风险，从而引导企业寻找降低成本或增加收入的解决方法。

2. 盈亏临界点的计算

盈亏临界点的计算公式主要有三种，即销售量法、销售额法和作业率法。其中，销售量法是指企业必须销售的产品数量达到其成本的最低值。销售额法是指企业必须销售的产品额度达到其成本的最低值。作业率法是指企业必须保持固定成本和变动成本的合理比例。通过使用这些计算公式，企业可以更直观地了解到其盈亏临界点情况，以便在经营过程中更加精准地管理与决策。盈亏临界点的计算公式如下：

$$盈亏临界点销售量 \atop (适用产销单一产品的企业) = 固定成本/(单价 - 单位变动成本)$$

$$= 固定成本/单位边际贡献 \qquad (6-43)$$

$$盈亏临界点销售额 = 固定成本/(1 - 变动成本率)$$

$$= 固定成本/边际贡献率 \qquad (6-44)$$

$$盈亏临界点的作业率 = (盈亏临界点销售量/正常销售量) \times 100\%$$

$$(6-45)$$

盈亏临界点的作业率是指盈亏临界点的销售量除以企业正常开工完成的销售量，该指标表示企业处于不盈利也不亏损的状态时，其生产的开工率必须达到的百分比，该指标越低，表示企业的盈利能力越大；反之，企业盈利能力越低。

影响盈亏临界点的因素主要包括变动成本、销售价格和固定费用，这些因素对盈亏平衡点的计算和确定有着重要的作用。如果成本增加或销售价格下降，那么企业实现盈利的销售额或数量也会随之增加。因此，在经营过程中，企业必须根据盈亏临界点的变化以及其他相关因素进行适时的调整和优化，以保持其可持续发展和盈利。盈亏临界点是企业管理过程中的重要指标，它为企业提供了一种优化经营决策的基础，可以保障企业的平稳运营。企业应该根据各项因素的影响不断调整和优化经营过程中的各项指标，以实现运营的长期稳定及盈利，并提升企业的竞争力。

6.8.2　软件实操

盈亏临界点分析的本质是分析投资、收入、花费和利润之间的关系，确定利润达到最大或最小，或是投资回报比最大或最小的情况。盈亏临界点预测可以帮助企业了解投资组合的最佳水平，以使企业在运营过程中及时调整，实现最佳状态。此外，盈亏临界点预测可以帮助企业进行风险运营的决策，从而更好地控制利润，使企业可以实现最大的收益。盈亏临界点预测通常包括三个基本步骤：计算成本、计算收入和计算利润。首先，企业需要计算自己的成本，包括固定成本和变动成本；其次，计算收入，包括销售收入、利息收入和其他收入；最后，计算净利润，即收入减去成本。智能决策系统通过设置不同的变动成本、固定成本、销售价格的数值以及发生的概率，构建了不同的经营组合，可以自动计算不同组合对应的盈亏临界点以及考虑组合概率后相应的期望值。用户可在智能决策系统界面左侧选择需要了解的业务单元，点击"量本利分析"后，左侧会展示具体的量本利分析条目，点击"盈亏临界"后，在导入公司数据的基础上，选择相应的项目——"销售单价"或"固定成本"或"单位变动成本"，然后输入相应的数值以及发生的概率，即可看到盈亏临界点预测分析的详细结果。

功能描述

盈亏临界点预测分析是基于企业财务数据的自动分析，它需要在系统中添加产品的销售单价、单位变动成本与企业的固定成本，以及不同情形发生的概率，用户可以采取两种添加方式：智能导入和手工输入，此外还可以进行客户的选择，从而观察在不同情况下企业盈亏临界点的期望值，为用户的经营决策提供参考。

操作步骤

如图 6-11 所示，在"量本利分析"模块，点击进入"盈亏临界预测分析"页面，用户首先需要选择相应的项目——"销售单价"或"固定成本"或"单位变动成本"，然后输入相应的数值以及发生的概率，也可以选择直接从系统导入相关数据，必要时还可以点击"选择客户"，然后依次点击"添加""计算"按钮，系统将会自动计算每种组合对应的盈亏临界点、组合发生的概率以及考虑概率后组合盈亏临界点的预测期望值。

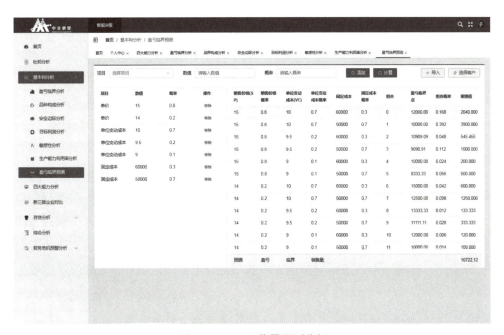

图 6-11　盈亏临界预测分析

6.9　本章小结

本章系统介绍了本量利分析的基本理论与具体应用。本量利分析是综合评估公司盈利情况的经典方法，再将其逐一分解为销售单价、销量、变动成本、固定成本，能够反映所有者投入资金的盈利能力以及公司在投资与盈利等方面的能力。本量利分析是一种完全定量的信息统计分析预测方法，在经营决策咨询和经营规划决策中，本量利分析能够为相关企业人员提供可靠的财务信息。以本量利分析的基本公式为基础，企业通过一系列分析和对应的数据计算，使用数字结果分析企业销售产品的盈亏状态，可以发现存在的问题，并以实现企业下一年的利润目标为出发点，从而提出改进方法和合理化建议。

 思考题

1. 本量利分析的基本思路是什么？
2. 本量利分析的基本假设有哪些？
3. 本量利分析主要包括哪些内容？

思考题要点及讨论请扫描以下二维码：

第 7 章

智能存货分析

本章重点

1. 掌握存货分析的基本方法。
2. 熟悉存货分析的具体内容。
3. 了解智能决策系统中存货分析的分析思维和分析逻辑。
4. 熟悉和掌握智能决策系统中存货分析的基本操作。

案例导入*

　　随着时代的发展，大数据这项技术已被广泛应用于多个领域。京东作为电子商务企业的代表，也开始转变策略，将大数据与企业存货管理相结合，推动存货管理朝着数字化方向发展，以提高企业存货管理水平，增强企业自身的经营与决策能力。在仓储物流配送体系的构建方面，京东通过大数据分析多年的销售数据，利用诸如月均价格模型和市场需求回归模型等销售数据预测模型，推测现在和未来的销售数量，对各个中心网点的存货量进行控制调整。在上下游协作过程中，京东利用市场整体分析、供应链分析等分析手段达到了准确评估市场状况及动向的目的，从而及时进行存货数量的调整以及定价策略的制定。在智能仓储管理系统方面，京东通过为新置货物配备 RFID 标签，再由机器人扫描标签上的唯一代码，可以达到快速对货物标记识别的效果，从而完成存货的信息采集。而随后标签信息会源源不断地被传输到后台控制中心，对这些数据分析后，再集中下放到仓库，这提高了仓储运作和存货管理的效率，并且有效降低了物流管理成本。

　　企业的存货调度安排是智能决策要解决的重点问题，存货是指企业在日常生

---

　　* 详细案例和进一步讨论，请访问链接网址：http://zhongqishuzhi.com；或扫描章后二维码。

产经营过程中持有以备出售或者将消耗的材料或物料等。它包括各类材料、商品、在产品、半成品、产成品等。财务分析中对存货展开分析是由于存货的巨大作用所致。首先，存货作为一项资产，是企业生产经营活动中重要的物质基础，也是企业生产经营的重心，其种类繁杂、数量庞大，一般占企业流动资产总额的一半以上，并且它们经常处于不断销售或不断耗用和重置之中，流动性较强，因此存货在决定企业短期偿债能力的各因素中起着最为重要的作用。其次，存货管理的好坏不仅对流动资产的资金占用有极大的影响，而且对生产经营活动产生重大影响。存货对企业经营活动的变化具有特殊的敏感性，这就决定了企业存货数量应与企业经营活动保持平衡，既不能储存过少，又不能储存过多。如果企业存货储存过少会造成停工待料、生产中断或合同误期、销售紧张，导致坐失销售良机。如果企业存货储存过多，会导致由于购买存货，现金发生短缺的问题，使企业资金周转困难，且会增加相应的利息负担，会导致企业存货成本（如储存成本）过度增加。基于存货管理的重要性，本章将围绕经济订购批量、存货成本计算、安全库存成本分析与再订购点确定四部分内容，依次对其理论基础与软件实操进行介绍。

7.1　经济订购批量

经济订购批量，是通过平衡采购进货成本和保管仓储成本核算，以实现总库存成本最低的最佳订货量。智能化采购策略的实践可以帮助企业更加高效地管理采购流程，提高采购效率，降低采购成本，提升企业的竞争力。智能决策系统可以对企业的存货相关数据进行快速处理分析，自动生成企业的经济订购批量，从而指导企业的采购决策，提高其决策效率。本节将从理论基础和软件实操两个部分对经济订购批量进行介绍。

7.1.1　理论基础

企业在生产经营过程中，不可避免地会涉及购买及保管储备物资，除了要支付物资的购买价格之外，还要支付多种其他费用，主要为占用资金的利息支出、订购物资的行政开支及其他各种存贮费用。考虑到企业的经济效益，企业需要合理确定存货的采购量，而按照经济订货批量来订货时，可实现订货成本和储存成本之和最小化。因此经济订购批量的确定对企业至关重要，接下来将对经济订购批量的概念与不同情景下企业的订货决策进行详细介绍。

1. 经济订购批量的概念

订购批量是指每次订购货物（材料、商品等）的数量。存货决策的目的是确定年订货成本和年储存成本这两种成本合计数最低时的订购批量，即经济订购批量。相关计算公式如下：

$$年成本合计 = 年订货成本 + 年储存成本$$

$$T = Q/2 \times C + A/Q \times P \tag{7-1}$$

一阶导数为 0 时，年成本合计数的值最低。则：

$$经济订购批量\ Q^* = \sqrt{\frac{2AP}{C}} \tag{7-2}$$

$$经济订购批次\ \frac{A}{Q^*} = \sqrt{\frac{AC}{2P}} \tag{7-3}$$

$$年最低成本合计\ T^* = \sqrt{2APC} \tag{7-4}$$

其中，A 表示某种存货的全年需要量；Q 表示订购批量；Q^* 表示经济订购批量；A/Q 表示订购批次；A/Q^* 表示经济订购批次；P 表示每批订货成本；C 表示单位存货年储存成本；T 表示年成本合计（年订购成本和年储存成本的合计）；T^* 表示最低年成本合计。存货成本的特性与存货决策如图 7 – 1 所示。

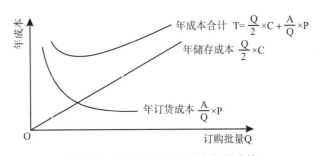

图 7 – 1　存货成本的特性与存货决策

经济订货批量是固定订货批量模型的一种，可以用来确定企业一次订货（外购或自制）的数量。当企业按照经济订货批量来订货时，可实现订货成本和储存成本之和最小化。购买及保管储备物资，除了要支付物资的购买价格之外，还要支付多种其他费用，主要为：占用资金的利息支出、订购物资的行政开支及其他各种存贮费用。如建筑物的折旧费、租金、地方捐税、供暖、照明、机械操作设备、仓库费用、工作人员薪水、存贮物品的老化过时、建筑物及储备物资的保险费用以及储备物资变质报废等。经济订购批量常用来帮助确定物资经常储备定额和控制物资库存。当某种物资的年需要量一定时，其总费用的高低取决于全年的保管费用和订购费用，而年保管费用和订购费用又与订购批量的大小有关。订购批量大，则订购次数减少，可以节约订购费用，但保管费用增加；订购批量小，则订购次数增加，订购费用也相应增加，但可节约保管费用。最经济的订购批量，也就是使年保管费用和订购费用之和最小的订购批量。

然而，经济订购批量基本模型，是以许多假设为前提的，相关假设如下：

①存货总需求量是已知常数。

②订货提前期是常数。

③货物是一次性入库。

④单位货物成本为常数，无批量折扣。

⑤库存储存成本与库存水平呈线性关系。

⑥货物是一种独立需求的物品，不受其他货物影响。

⑦不允许缺货，即无缺货成本。

2. 不同情景下的订货决策

订货决策会根据具体情况的不同发生一定变化，不同情形下的订货决策如下所示。

（1）一次订货，边进边出情况下的决策。

$$经济订购批量\ Q^* = \sqrt{\frac{2AP}{C\left(1 - \dfrac{Y}{X}\right)}}$$

$$年最低成本合计\ T^* = \sqrt{2APC\left(1 - \frac{Y}{X}\right)}$$

其中，X 为每日送达存货的数量；Y 为每日耗用存货的数量。

（2）有数量折扣时的决策。

为了鼓励购买者多购买商品，供应商对大量购买商品常常实行数量折扣价，即规定每次订购量达到某一数量界限时，给予价格优惠。于是，购买者就可以利用数量折扣价，取得较低商品价、较低运输费和较低年订购费用，并且从大批量购买中得到的节约部分可能超过储存成本。在有数量折扣的决策中，订货成本、储存成本以及采购成本都是订购批量决策中的相关成本，这时，上述三种成本的年成本合计最低的方案才是最优方案。

（3）订单批量受限时的决策。

例如，某供应商销售甲材料时，由于包装运输原因，只接受200件的整数倍批量的订单（如200件、400件、600件等），不接受有零数或非200件整数倍的订单（如500件）。圆庆公司全年需用甲材料2400件，每次订货成本为120元，每件年储存成本为2元。

首先计算不考虑订单限制时的经济订购批量：

$$Q^* = \sqrt{\frac{2AP}{C}} = \sqrt{\frac{2 \times 1800 \times 120}{2}} \approx 465 \text{（件）}$$

由于经济订购批量为465件，不是供应商所要求的整数批量，因而只能在465件的左右选择400件和600件，通过比较这两个批量的年度总成本来确定最佳订购批量。

订购400件时的年度总成本计算如下：

储存成本 = Q/2 × C = 400/2 × 2 = 400（元）

订购成本 = A/Q × P = 1800/400 × 120 = 540（元）

年成本合计 = 400 + 540 = 940（元）

订购600件时的年度总成本计算如下：

储存成本 = 600/2 × 2 = 600（元）

订购成本 = 1800/600 × 120 = 360（元）

年成本合计 = 600 + 360 = 960（元）

可见，订购批量受限时的最佳决策是每次订购400件（见图7-2）。

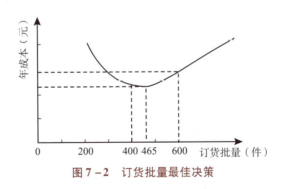

图7-2　订货批量最佳决策

（4）储存量受限制时的决策。

例如，圆庆公司每年需要乙材料360000千克，每次订货成本1111.11元，每千克全年储存成本为0.5元。该公司目前仓库最大储存量为30000千克，考虑到业务发展的需要，已与其他单位意向租用一可储存20000千克乙材料的仓库，年租金约为 4000 元。此时公司应通过如下方式作出储存决策。

首先，计算不受任何限制时的经济订购批量和年成本合计。

$$Q^* = \sqrt{\frac{2AP}{C}} = \sqrt{\frac{2 \times 360000 \times 1111.11}{0.5}} \approx 40000 \text{（千克）}$$

$$T^* = \sqrt{2APC} = \sqrt{2 \times 360000 \times 1111.11 \times 0.5} \approx 20000 \text{（元）}$$

由于圆庆公司目前仓库的最大储存量只有 30000 千克，少于经济订购批量（40000 千克）。因此，需要在扩大仓储量和按目前最大储存量储存之间作出选择。如果一次订购 30000 千克（根据约束性因素的限制所能做到的最佳选择），其年成本合计为：

$$\text{储存成本} = \frac{Q}{2} \times C = \frac{30000}{2} \times 0.5 = 7500 \text{（元）}$$

$$\text{订购成本} = \frac{A}{Q} \times P = \frac{360000}{30000} \times 1111.11 = 13333.32 \text{（元）}$$

年成本合计 = 7500 + 13333.32 = 20833.32 （元）

其次，进行比较选择。由于不受任何限制时的最佳存货年成本合计为 20000 元，而不扩大仓储时的限制存货的年成本合计为 20833.32 元，因此，从增加仓储方案角度看预期可以节约 833.32 元。但由于增加仓储需要多支付租金 4000 元，比预期节约额高出了 3166.68 元，因而最好不要租赁，而按 30000 千克的批量分批订购。

7.1.2　软件实操

为了生产某些产品而订购所需要的原料，应该使用什么标准来确定订购的数量？订购怎样的批量才能够获得最佳的投资效益？经济订购批量是在保证生产需要和总费用最低的条件下一次订购物资的数量，常用来帮助确定物资经常储备定额和控制物资库存。经济批量可以随时加以调整使它能够适应各种不同的需要，以便在复杂的情况中使用。经济批量的大小，只能以影响某一特定生产局面的各种外部因素来决定。这种情况常使各种计算方法更趋复杂化，且使所需进行的数学运算更加冗长和困难。为了使这些算式获得最佳效果，需要经常地获得最新信息。对于有着大量库存财务负担的公司，计算机能够对储备控制提供很有价值的帮助。智能决策系统可以根据存货的需求量数据、订货成本与储存成本自动计算存货的经济订购批量，将存货成本控制在最低水平。用户可在智能决策系统界面左侧选择需要了解的业务单元，点击"存货分析"后，左侧会展示具体的存货分析条目，点击"经济订购批量"后，在导入公司数据的基础上，添加产品的名称、全年需要量、每批订货成本与单位年储存成本后，即可看到经济订购批量的计算结果。

功能描述

经济订购批量是基于企业产品生产数据的自动分析，它需要在系统中添加产品的名称、全年需要量、每批订货成本与单位年储存成本，用户可以采取两种添加方式：智能导入和手工输入，此外还可以进行客户的选择，以观测企业面向不同客户的采购差异。

操作步骤

如图 7 - 3 所示，在"存货分析"模块，点击进入"经济订购批量"页面，用户可以手工输入"产品名称""全年需要量""每批订货成本"与"单位年储存成本"的数值，或者直接导入相关数据，必要时可以点击"选择客户"，然后点击"添加"，系统将会自动生成一张包含各产品订购数据的表格，表中在显示各产品的全年需要量、每批订货成本、单位年储存成本的基础上，会自动计算出各产品的经济订购批量、经济订购批次以及年最低成本合计数。此外，用户还可以点击"操作"列下的"移除"按钮删除某一产品信息。

图 7 - 3　经济订购批量

7.2　存货成本计算

存货成本是存货在订货、购入、储存过程中所发生的各种费用，以及存货短缺造成的经济损失。如何更好地管理和控制存货的成本，已成为企业降本增效的重要手段。通过大数据技术，不仅能使存货成本数据真实完整，可以实现企业内部财务数据和业务数据的跨部门整合，还能收集处理外部数据，对与企业存货成本相关的外部数据加以分析，为企业成本管理提供精确的数据支持。本节将从理论基础和软件实操两个部分对存货成本计算进行介绍。

7.2.1　理论基础

存货成本是企业为存货所发生的一切支出，存货成本控制分为采购、物流、仓储和生产四个环节。企业将存货成本分解到各个部门，再根据各部门业务流程将分解的存货成本细化为成本指标，如采购环节存货成本指标有原料价格、原料数量，物流环节存货成本指标有运输费用、运输时间，仓储环节存货成本指标有流动资金占用率、存货减值和被盗价值，生产环节存货成本指标有直接材料、直接人工及制造费用。存货成本一般包括以下内容。

1. 购置成本

购置成本是指购买货物、取得货物所有权所花费的费用，通常包括货物的买价、运杂费、装卸费、保险费、相关税费以及其他可归属于存货采购成本的费用等。其中，存货的购买价款是指企业购入的材料或商品的发票账单上列明的价款，但不包括按规定可以抵扣的增值税额。存货的购置成本主要取决于购货数量和单位购置成本两个因素。

2. 加工成本

加工成本是指在存货的加工过程中发生的追加费用，包括直接人工以及按照特定方法分配的制造费用。直接人工是指企业在生产产品和提供劳务的过程中发生的直接从事产品生产和劳务提供人员的职工薪酬。制造费用是指企业为生产产品和提供劳务而发生的各项间接费用。

3. 订货成本

订货成本是指订购货物所发生的有关费用，包括采购部门费用、订货过程中的文件处理费、邮电费等。可用一定的方法将其分为变动性订货成本和固定性订货成本两部分，其中变动性订货成本是与订货次数直接相关的费用，固定性订货成本是维持采购部门正常活动所必需的费用。

4. 储存成本

储存成本是指在储存过程中所发生的费用，包括仓库房屋的折旧费、修理费、保险费和占用资金的利息等。也可用一定的方法将其分为变动性储存成本和固定性储存成本两部分，其中变动性储存成本是指与储存数量直接相关的费用，固定性储存成本则是维持一定的储存能力所必需的费用。

5. 缺货成本

缺货成本是指因未能储存足够存货满足生产经营需要而造成的经济损失，如存货短缺引起的停工损失、少生产产品而损失的边际利润、因延期交货而支付的罚金以及在商誉上的损失等。缺货成本取决于保险储备量，保险储备量越高，缺货的可能性越小，缺货成本越低；反之，缺货的可能性越大，缺货成本越高。

6. 其他成本

其他成本是指除以上成本以外的，使存货达到目前场所和状态所发生的其他支出。企业设计产品发生的设计费用通常应计入当期损益，但是为特定客户设计产品所发生的、可直接确定的设计费用应计入存货成本。

$$存货相关总成本 = 订货成本 + 储存成本 \tag{7-5}$$

经济批量下，总存货成本的公式为：

$$存货的相关总成本 = \sqrt{2 \times 每次订货变动成本 \times 存货年需要量 \times 单位存储变动成本}$$
$$\tag{7-6}$$

其中：

（1）订货的变动成本是指与订货次数有关的订货成本，如差旅费、邮资等。订货成本是指从发出订单到收到存货整个过程中所付出的成本。如订单处理成本（包括办公成本和文书成本）、运输费、保险费以及装卸费等。变动成本是指随产品产量增减而增减的成本费用。变动成本是指支付给各种变动生产要素的费用，如购买原材料、电力消耗费用和工人工资等。这种成本随产量的变化而变化，常常在实际生产过程开始后才需支付，主要有：直接构成产品实体的原材料；生产工人的工资、福利、社保、电力、燃料等。

（2）储存成本通常包括两大类：一是付现成本，包括支付给储运公司的仓储费、按存货价值计算的保险费、陈旧报废损失、年度检查费用以及企业自设仓库发生的所有费用（如仓库保管人员的工资、折旧费、维修费、办公费、水电费、空调费等）。二是资本成本，即由于投资于存货而不投资于其他可盈利方面所形成的机会成本。储存成本也可分为两部分：凡总额稳定，与储存存货数量的多少及储存时间长短无关的成本，称为固定储存成本；凡总额大小取决于存货数量的多少及储存时间长短的成本，称为变动储存成本。

7.2.2　软件实操

存货是企业在日常活动中持有以备出售的产成品或商品、处在生产过程中的在产品、在生产过程或提供劳务过程中耗用的材料和物料等，包括各类材料、在产品、半成品、产成品、商品以及包装物、低值易耗品、委托代销商品、委托加工物资等。购入的存货，按买价加运输费、装卸费、保险费、包装费、仓储费等费用、运输途中的合理损耗、入库前的挑选整理费用和按规定应计入成本的税金以及其他费用，作为实际成本。智能决策系统在对具体的存货成本项目进行分析后，可以对存货成本进行智能化核算，为企业成本管理提供数据支撑。用户可在智能决策系统界面左侧选择需要了解的业务单元，点击"存货分析"后，左侧会展示具体的存货分析条目，点击"存货成本计算"后，在导入公司数据的基础上，选择项目类型，添加具体费用名称和数值以及存货的全年需要量后，即可看到存货成本的计算结果。

▌ 功能描述

存货成本计算是对存货在订货、购入、储存过程中的各种费用的自动分析，它需要在系统中对应的项目类别下添加费用明细。费用数据可以选择智能导入或手工输入，此外还可以进行客户的选择，在设置好存货的年需求量后，系统将自动计算存货的最低成本合计数，以供用户作出最佳采购决策。

▌ 操作步骤

如图 7-4 所示，在"存货分析"模块，点击进入"存货成本计算"页面，用户应首先选择项目类型——每次订货成本或单位年储存成本，然后手工输入对

应项目下的具体费用名称和数值，或者选择直接导入相关数据，必要时可以点击
"选择客户"，然后依次点击"添加""计算"，同时还需要设置好存货的年需求
量，系统将会自动计算出每次订货成本、单位材料年储存成本、经济订购批量、
存货的最低成本合计数。

图 7 - 4   存货成本计算

7.3   安全库存成本分析

安全库存也称安全存储量，是指为了防止不确定性因素（如大量突发性订
货、交货期突然延期、临时用量增加、交货误期等特殊原因）而预计的保险储备
量（缓冲库存）。通过智能决策系统可以实现实时监控库存，根据需求预测安全
库存量，对各种类型的库存进行分类管理，对库存进行精确统计和追踪，实时了
解库存的动态变化，避免过量或缺货的情况发生，从而降低库存占用成本。本节
将从理论基础和软件实操两个部分对安全库存成本进行介绍。

7.3.1   理论基础

企业安全库存量的确定属于不确定情况下的存货决策，由于库存耗竭会对
企业的生产经营、客户维系等诸多方面产生不利影响，因此需要建立保险储
备，确定最佳安全库存量。接下来将对安全库存量的概念与计算方法进行详细
介绍。

1. 安全库存量的概念

安全库存量是为了预防需求或供应方面不可预测的波动，在仓库中应经常保

持的最低库存量。安全库存量的确定会涉及安全库存量的储存成本和库存耗竭成本的权衡。对于安全库存量的储存成本而言，由于期初安全库存量余额等于期末安全库存量余额，安全库存量的单位储存成本与营运存货的单位储存成本相同。储存成本等于安全库存量乘以存货的单位储存成本。而库存耗竭成本是指备选供应来源的成本、失去顾客或商业信誉的成本、库存耗竭期内停产的成本等。库存耗竭成本作为年度预期值，等于某项库存耗竭成本乘以每年安排的订购次数乘以一次订购的库存耗竭概率。

2. 安全库存量的计算方法

目前安全库存量的确定方法主要有以下两种：

（1）经验法：安全库存量的上限＝最长交货期×最高每天用量－交货期正常天数×平均每天用量

（2）不连续的概率法：根据历史资料统计库存耗竭的数量和概率。在不连续的概率法下，应按不同档次的相应概率计算不同安全库存量的库存耗竭成本，并进行比较。

线性需求的安全库存量计算公式为：

$$最高库存量(成品)＝最高日生产量×最短交付天数＋安全系数/天 \qquad (7-7)$$

$$最低(成品)＝最低日生产量×最长交付天数＋安全系数/天 \qquad (7-8)$$

$$最大库存量＝平均日销售量×最高库存天数 \qquad (7-9)$$

$$最低库存量＝安全库存＋采购提前期内的消耗量 \qquad (7-10)$$

$$最低库存量＝日销售量×到货天数＋安全系数/天 \qquad (7-11)$$

安全库存量的大小取决于供应和需求的不确定性、顾客服务水平（或订货满足率），以及缺货成本和库存持有成本。其中顾客服务水平是主要决定因素，所谓顾客服务水平，就是指对顾客需求情况的满足程度，顾客服务水平（或订货满足率）越高，说明缺货发生的情况越少，从而缺货成本就较小，但因增加了安全库存量，导致库存的持有成本上升；而顾客服务水平较低，说明缺货发生的情况较多，缺货成本较高，安全库存量水平较低，库存持有成本较小。因而必须综合考虑顾客服务水平、缺货成本和库存持有成本三者之间的关系，最后确定一个合理的安全库存量。

对于安全库存量的计算，将借助于数量统计方面的知识，对顾客需求量的变化和提前期的变化作一些基本的假设，从而在顾客需求发生变化、提前期发生变化以及两者同时发生变化的情况下，分别求出各自的安全库存量。安全库存的确定是建立在数理统计理论基础上的。假设库存的变动是围绕着平均消费速度发生变化，大于平均需求量和小于平均需求量的可能性各占一半，缺货概率为 50%。安全库存越大，出现缺货的可能性越小；但库存越大，会导致剩余库存的出现。应根据不同物品的用途以及客户的要求，将缺货保持在适当的水平上，允许一定程度的缺货现象存在。安全库存的量化计算可根据顾客需求量固定、需求量变化、提前期固定、提前期发生变化等情况，利用正态分布图、标准差、期望服务水平等来求得。

7.3.2　软件实操

安全库存量是为了满足市场需求提供的基本库存，过大会造成资金积压，过低会导致不能及时供货，导致市场反应敏捷度下降，所以一般会根据产品的市场销售情况、客户提货数据以及公司的生产周期来确定。首先，安全库存的设立是根据企业的现有状况设置的，企业的基本流程或经营理念不改变，市场没有大的变化，安全库存就不能改变。如果市场需求下降或增长，安全库存应该要相应调整。其次，内部的生产结构调整、流程再造导致生产周期缩短，市场反应能力提升，也可以降低安全库存。如果企业采用 JIT 生产模式，进行精益生产管理，可以采用现代化的管理信息支持，即时了解各地的销售信息，并做好配套生产，也可降低库存，直到零库存生产。智能决策系统可以对不同安全库存量下的成本进行分析计算，以便用户作出最佳决策。用户可在智能决策系统界面左侧选择需要了解的业务单元，点击"存货分析"后，左侧会展示具体的存货分析条目，点击"安全库存成本分析"后，在导入公司数据的基础上，输入"年需求量""平均存储成本""每次订货成本""最优订货批量""受限成本"的数值，即可看到安全库存成本分析的结果。

功能描述

安全库存成本分析是基于存货数量与成本数据的自动分析，它需要在系统中添加存货的相关数据，用户可以选择智能导入或手工输入，此外还可以进行客户的选择，通过设置安全库存量和库存耗竭概率，系统将自动计算存货相应的成本，以供用户对存货做出最佳安排。

操作步骤

如图 7-5 所示，首先，在"存货分析"模块，点击进入"安全库存成本分析"页面，用户可以手工输入"年需求量""平均存储成本""每次订货成本""最优订货批量""受限成本"的数值，或者直接导入相关数据，必要时可以点击"选择客户"，然后点击"计算"。其次，用户需要手工输入"安全库存量"与"库存耗竭概率"的数值，然后点击"添加"，系统将会自动生成一张数据表格，表中会显示在不同的安全库存量下，存货的存储成本、预期库存耗竭成本与成本总额。

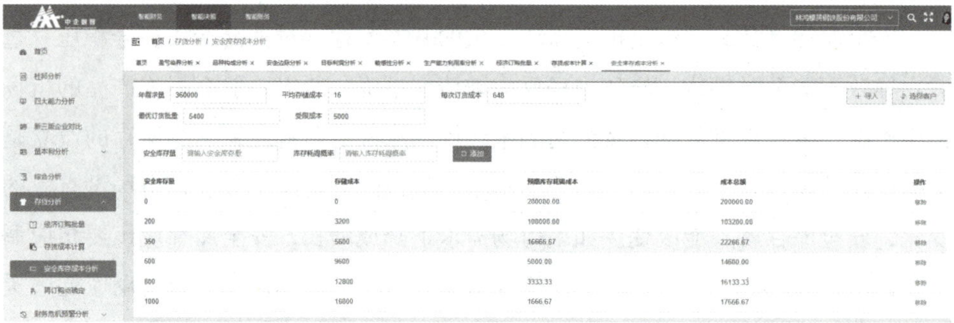

图 7-5   安全库存成本分析

7.4   再订购点确定

再订购点是指订购下一批货物时的存货存量（实物量或金额）。智能决策系统可以根据企业的具体情况进行再订购点的计算，使其适应不同行业和规模的企业。同时，用户可以通过简单的界面和指导完成系统的操作，无须深入的专业知识，从而降低了学习和培训成本。本节将从理论基础和软件实操两个部分对再订购点确定进行介绍。

7.4.1   理论基础

一般情况下，企业的存货不能做到随用随时补充，因此需要在没有用完时提前订货。而再订购点是企业再次发出订货单时应保持的存货库存量，在不考虑保

险储备的情况下，相当于预计交货期内的需求量。接下来将对再订购点的概念与
类型进行详细介绍。

1. 再订购点的概念

再订购点是用来明确启动补给订货策略时的货品单位数，一旦存货量低于再
订货点即补给订货。当需求量或完成周期存在不确定性的时候，须使用合适的安
全库存来缓冲或补偿不确定因素。再订货点 = 采购提前期消耗量 + 安全库存。再
订货点的前提是物料消耗率与采购提前期不变。物料消耗率指的是生产过程中物
料的消耗；采购提前期指的是每个物料从下订单到收到仓库所需要的周期。企业
为了保证生产经营活动的顺利进行，必须提前若干天数购入存货，提前的天数就
是订货提前期。一般情况下，订货提前期应等于交货天数。提前进货的条件下，
企业再次发出订货单时尚有存货的库存量，就是再订货点。一般情况下，在考虑
到保险库存时，再订货点（R）的数量应等于交货时间（L）与平均每日需求量
（d）之积再加上保险储备量（B）。再订货点模型的表达式为：

$$R = d \times L + B \tag{7-12}$$

2. 再订购点的类型

根据订货时间、订货量的不同，再订货点可以分为以下三种。

（1）不定期，不定量。

这种模式下，系统随时检查库存，一旦低于再订货点，就驱动补货，补齐到
最高库存水位。在库存水位设计上，这种类型有两个参数：再订货点 ROP 和最
高库存 max，每次的订货量 = max　净库存。净库存不同，每次订货量就不同。

（2）定期，不定量。

这种模式下，系统定期检查库存，补齐到最高库存水位。这就像楼下的便利
店，每周采购一次瓶装水，每次都把手头的库存补齐到 100 瓶。定时补货简单易
行，不用随时去监控库存水位，也不用零星补货，人工成本、运输成本也较低。
缺点就是拉长了补货周期，增加了平均库存量。

（3）定期，定量。

这种模式涉及再订货点和订货量两个参数，但不是随时检查库存补货，而是
定期。比如，在客户那里建了寄售库存，限于信息技术和诸多限制，客户无法消
耗一个就更新一次库存，而是每周更新一次，把上一周用的减掉。然后作为供应
商，应开始判断是否要补货：如果库存高于再订货点，不补；如果低于再订货

点，补一个订货量 ROQ；补了一个 ROQ 还没达到再订货点 ROP，那就再补一个
ROQ 的量，直到超过 ROP。

定期与否，对运营成本影响显著。比如，作为供应商，给客户建立 VMI 库
存，如果随时补货（不定期），那补货成本就很高，也增加了运营的复杂度。定
期的好处是操作简单，挑战是增加补货周期，相应地增加了周转库存和安全
库存。

7.4.2　软件实操

寻找合适的再订购点是为了保证公司正常的生产和销售，计算再订货点在库
存管理中很重要。再订购点是指公司订购下一批存货时本批存货的储存量，这种
方法和定量库存控制系统一样，当公司现有存货量降到一定数量时，公司就应当
开始订货以补给存货。因此，在确定再订货点的时候，最重要的是要确定公司的
最低库存量，在库存量的数量降到这个量的时候就要开始安排订货事宜。最低库
存量的确定要考虑所订货物到库这段时间内的公司正常生产需要量，这个量的确
定是以公司每天存货的耗用量与收货时间相乘得出的。除此之外，公司在确定再
订货点的时候，有时还需考虑公司的保险储备。智能决策系统根据存货的库存数
据与耗用情况可以自动计算企业的再订购点，以使企业及时补充库存，加强存货
管理，保证生产经营稳定进行。用户可在智能决策系统界面左侧选择需要了解的
业务单元，点击"存货分析"后，左侧会展示具体的存货分析条目，点击"再
订购点确定"后，在导入公司数据的基础上，添加"产品名称""安全库存量"
"采购间隔期""年度耗用量"以及企业的"年工作日"后，即可看到再订购点
的计算结果。

功能描述

再订购点的确定是基于存货生产消耗数据的自动分析，它需要在系统中添加
存货的安全库存量、采购间隔期与年度耗用量，用户可以选择智能导入或手工输
入，此外还可以进行客户的选择，系统将自动计算存货相应的再订购点，以供用
户合理选择存货的购置时机。

操作步骤

如图 7-6 所示，在"存货分析"模块，点击进入"再订购点确定"页面，用户可以以手工输入"产品名称""安全库存量""采购间隔期""年度耗用量"以及企业的"年工作日"，或者直接导入相关数据，必要时可以点击"选择客户"，然后点击"添加"，系统将会自动生成一张数据表格，表中会显示在不同的初始设置下商品的再订购点。

图 7-6　再订购点确定

7.5　本章小结

本章围绕经济订购批量、存货成本计算、安全库存成本分析与再订购点四方面内容对存货管理进行了详细介绍。存货管理是企业财务管理的重要环节，其直接影响企业生产经营业务的开展。对企业的现有存货进行管理，主要是对存货的信息进行管理并以此作为基础进行的企业决策分析，并进行有效的成本控制，从而达到存货管理的最终目的，即提高企业的经济效益。在数字经济时代，企业应结合自身实际逐步朝着大数据参与存货管理的方向发展，以提升企业的整体竞争力。

思考题

1. 存货分析的基本思路是什么？
2. 存货分析主要包括哪些内容？

思考题要点及讨论请扫描以下二维码：

智能杜邦分析

 本章重点

1. 了解杜邦分析中各指标的含义。
2. 掌握杜邦分析中各指标间的关系。
3. 理解并掌握智能杜邦分析指标的分解过程，体会其对企业的实践意义。
4. 熟练掌握智能杜邦分析的操作过程。

案例导入 *

　　H 公司是一家房地产企业，成立于 1992 年，是 H 集团控股的大型国有房地产企业，具有国家一级房地产开发资质，连续 4 年蝉联央企房地产品牌价值第一名，并于 2006 年 7 月在上交所上市（李雅娟，2015）。近年来，H 公司的销售收入逐渐扩大，但营业利润并不理想，净利润增长速度也有所放缓，这直接影响到了企业的净资产收益率指标。针对这一情况，H 公司经营者引入智能决策系统，希望能通过智能杜邦分析自上而下找出业务改进方案。

　　通过对企业会计信息的收集和分析，H 公司可以在适合自身经营特征的情况下动态分解财务指标，将整体指标按照自身预期层层分解，最终将指标落实到业务层。在这一过程中，管理者可以对指标值进行比较分析，发现可提升的关键指标。同时，智能杜邦分析还能从企业的财务数据中提取指标，实时为企业提供净资产收益率的情况。那么在使用智能杜邦分析后 H 公司能否发现经营问题所在呢？

　　杜邦分析体系是一种用来评价企业获利能力和净资产回报水平，从财务角度评价企业绩效的一种经典方法。杜邦分析体系最显著的特点是将若干个用以评价

---

　　* 详细案例和进一步讨论，请访问链接网址：http://zhongqishuzhi.com；或扫描章后二维码。

企业经营效率和财务状况的比率按其内在联系有机地结合起来，形成一个完整的指标体系，并最终通过净资产收益率来综合反映。杜邦分析可以深入分析比较企业的经营业绩，找到企业可改善因素，使财务比率分析的层次清晰、条理分明，为报表使用者全面仔细地了解企业的经营和获利状况提供方便。智能决策系统正是将这一过程自动化，能够在系统中直观地反映数据的变化情况和变化原因。智能杜邦分析能够发现企业的成绩和存在的问题，通过智能杜邦分析将指标层层分解，企业可以直观地看到实际工作中可提升的关键指标，是最终智能决策综合报告的重要考虑因素。本章将从理论基础和软件实操两部分对智能杜邦分析进行介绍。

8.1　理论基础

　　杜邦分析体系，又称杜邦分析法，是利用几种主要的财务比率之间的内在联系来综合地评价和剖析企业的财务状况及经济效益的一种综合财务分析方法。这种分析方法最早由美国著名的化学制品商杜邦公司创造并最先使用，故称为杜邦分析法。

　　这种财务分析方法从评价企业绩效最具综合性和代表性的指标——净资产收益率出发，将其分解，计算出相关主要财务指标及其增减变化，进而再对主要财务指标进行层层剖析，细分至各资产负债表及利润表项目，直至企业最基本的生产要素、成本与费用的构成和企业风险，从而满足通过财务分析进行绩效评价的需要。当经营目标发生变动时，经营者能及时查明原因并加以修正，同时为投资者、债权人及政府评价企业提供依据（刘成竹和陈复昌，2012）。

　　杜邦分析体系通过杜邦分析图将有关分析指标按内在联系加以排列，从而直观地反映出企业的财务状况和经营成果的全貌。杜邦分析如图 8 - 1 所示。

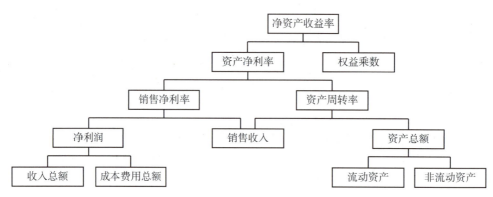

图 8 - 1　杜邦分析

杜邦分析体系是对企业财务状况的综合分析，它通过几种主要的财务指标之间的关系，全面系统地反映出企业的财务状况。杜邦分析图可以提供下列主要的财务指标关系。

$$净资产收益率 = 资产净利率 \times 权益乘数 \tag{8-1}$$

其中：

$$资产净利率 = 销售净利率 \times 资产周转率 \tag{8-2}$$

即：

$$净资产收益率 = 销售净利率 \times 资产周转率 \times 权益乘数 \tag{8-3}$$

$$销售净利率 = 净利润 \div 销售收入 \tag{8-4}$$

$$资产周转率 = 销售收入 \div 资产总额 \tag{8-5}$$

$$权益乘数 = 资产总额 \div 所有者权益 = 1 \div (1 - 资产负债率) \tag{8-6}$$

其中：

$$资产负债率 = 负债总额 \div 资产总额 \tag{8-7}$$

从杜邦分析图可以看出，杜邦分析法实际上从两个角度来分析企业的财务状况：一是进行内部管理因素分析；二是进行资本结构和风险分析。利用杜邦分析法可以帮助相关人员了解和分析企业的获利能力、运营能力、资产的使用状况、负债情况、利润的来源以及相关指标增减变动的原因。这些因素构成一个相互依存的系统，只有把这个系统内各因素的关系安排好、协调好，才能使净资产收益率达到最高，才能实现股东财富最大化的理财目标（刘成竹和陈复昌，2012）。在使用杜邦分析法进行综合分析时，主要抓住以下几点。

1. 净资产收益率

净资产收益率反映了企业所有者权益的投资报酬率，具有很强的综合性和代表性，是杜邦分析体系的核心指标，也是投资者最关注的指标，因为投资者最关注的是自己每 1 元的投资在经过企业经营之后，每年能带来多少元的收益。而净资产收益率恰好可以反映企业所有者投入资本的获利能力，说明企业筹资、投资、资产运营等各项财务管理活动的效率。

不断提高净资产收益率是使所有者收益最大化的基本保证。由公式可以看出：决定净资产收益率高低的有两个因素：资产净利率和权益乘数。资产净利率是一个重要的财务比率，综合性较强，它是销售净利率和资产周转率的乘积，因此，要进一步从销售成果和资产运营两方面来分析。这样，决定净资产收益率高低的因素就有三个：销售净利率、资产周转率和权益乘数。销售净利率、资产周转率和权益乘数三个比率分别属于企业的获利能力指标、资产管理指标和负债指标。销售净利率取决于企业的经营管理；资产周转率取决于企业的投资管理；权益乘数取决于企业的筹资政策。这样分解之后，可以把净资产收益率这样一项综合性指标发生变化的原因具体化，定量地说明企业经营管理中存在的问题，与单一指标相比，能提供更明确、更有价值的信息。

2. 销售净利率

销售净利率反映企业的净利润与销售收入的关系，其高低能敏感地反映企业经营管理水平的高低。影响销售净利率的主要因素有销售收入与成本费用。这方面的分析是有关获利能力的分析。这个指标可以分解为销售成本率、销售税金率、销售毛利率和销售期间费用率，销售成本率还可进一步分解为毛利率和销售期间费用率。深入的指标分解可以将销售净利率变动的原因定量地揭示出来，如售价太低、成本过高、费用过高。当然，企业管理者还可以根据企业的一系列内部报表和资料进行更详尽的分析。

提高销售净利率有两个主要途径：一是扩大销售收入；二是降低成本费用。即所谓的"开源节流"。扩大销售收入既有利于提高销售净利率，又可提高资产周转率。其中，降低成本费用是提高销售净利率的一个重要因素，可反映企业对成本费用的管理与控制力度。此外，提高其他利润也可提高销售净利率，想办法增加其他业务利润，适时适量地进行投资并取得收益，千方百计地降低营业外支出等。

3. 资产周转率

资产周转率是反映运用资产以产生销售收入能力的指标。该指标反映了资产的周转速度，即资产的利用效果或称运营能力。企业资产的运营能力，既关系到企业的获利能力，又关系到企业的偿债能力。一般而言，流动资产直接体现企业的偿债能力和变现能力；非流动资产体现企业的经营规模和发展潜力。两者之间应有一个合理的结构比例，如果企业持有的现金超过业务需要，就可能影响企业的获利能力；如果企业占用过多的存货和应收账款，则既会影响企业的获利能力，又会影响偿债能力。为此，分析资产周转率时，除了对资产的各构成部分从占用量上是否合理进行分析外，还可以通过流动资产周转率、存货周转率、应收账款周转率等有关各资产组成部分使用效率的分析，判明影响资产周转的主要问题出在哪里。分析流动资产时，应重点分析存货是否有积压现象、货币资金是否闲置、应收账款客户的付款能力和有无坏账的可能；分析非流动资产时，应重点分析企业固定资产是否得到充分的利用。

4. 权益乘数

权益乘数反映股东权益同企业总资产的关系。通过权益乘数可以了解企业的筹资情况，即企业资金的来源与结构如何。它主要受资产负债率的影响。资产负债率越大，权益乘数就越高，说明企业的负债程度比较高，给企业带来较多的杠杆利益，同时也带来较大的财务风险；反之，资产负债率越小，权益乘数就越小，说明企业的负债程度比较低，意味着企业没能积极地利用负债给自己赚更多的钱，但债权人的权益能得到较大程度的保障。对权益乘数的分析要联系销售收入分析企业的资产使用是否合理，联系权益结构分析企业的偿债能力。在资产总额不变的条件下，适当开展负债经营，相对减少所有者权益所占的份额，从而达到提高净资产收益率的目的。

5. 成本费用结构

利用杜邦分析图可以分析成本费用的基本结构是否合理，还可以分析各项费用对利润的影响程度。因此可利用该图找出降低成本费用的途径，加强成本费用的控制。若企业财务费用支出过高，就要进一步分析其资产负债率是否过高；若是管理费用过高，就要进一步分析其资产周转情况等。杜邦分析图对利息费用的分析更为重视，因为利息费用与权益乘数存在着密切的关系。如果利息费用高，就应该考虑企业的权益乘数或资产负债率是否合理，也就是企业资本结构是否合理，若不合理，就会影响所有者的利益。

6. 资产结构状况

杜邦分析图可以反映流动资产和长期资产的结构状况，用以分析其结构是否合理。一般来说，流动资产直接体现企业的偿债能力和变现能力，而长期资产则体现企业的经营规模、发展潜力，两者之间应有一个合理的比例关系。无论是企业的流动资产过多还是固定资产过多，都会影响企业资产的周转速度，从而影响资产的利用效率。同样，流动资产内部也应有一个合理的比例。如果企业持有的货币资金超过业务需要，就会影响企业的获利能力；如果企业拥有过多的存货和应收账款，则既会影响获利能力又会影响偿债能力，这时就要分析企业是否存在产销不对路、生产周期过长、收款不力的现象，并进一步找出原因，采取相应的改进措施。

杜邦分析体系是自上而下及自下而上的分析，有助于企业管理层更加清晰地看到净资产收益率的决定因素，以及销售净利率与资产周转率、权益乘数之间的相互关系，较好地解释了指标变动的原因和趋势，给管理层提供了一张考察企业资产管理效率和股东投资回报的路线图。企业管理状况的相关因素如图 8 - 2 所示。

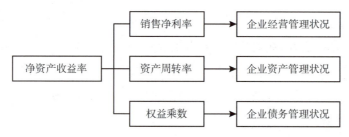

图 8 - 2　企业管理状况的相关因素

提高净资产收益率的具体途径有以下三种。

（1）提高销售净利率，使收入增长幅度高于成本和费用的增长幅度或降低成本费用。

（2）提高资产周转率。

（3）在不危及企业财务安全的前提下，扩大债务规模。

杜邦分析体系的程序如下所示。

（1）从净资产收益率开始，根据财务报告资料（主要是资产负债表和利润表）逐步分解并计算各指标。

（2）将计算出的指标填入杜邦分析图。

（3）逐步进行前后期对比分析，找到影响净资产收益率的关键指标，也可以进一步进行企业间的横向对比分析。

杜邦分析体系以净资产收益率为主线，将企业在某一时期的销售成果以及资产运营状况全面联系在一起，层层分解、逐步深入，构成一个完整的分析体系。它能较好地帮助管理者发现企业财务和经营管理中存在的问题，能够为改善企业经营管理提供十分有价值的信息，因而得到普遍的认同并在实际工作中得到广泛的应用。但是杜邦分析体系毕竟是财务分析方法的一种，作为一种综合分析方法，并不排斥其他财务分析方法。相反，与其他分析方法结合使用，不仅可以弥补自身的缺陷和不足，而且弥补了其他方法的缺点，使分析结果更完整、更科学。比如，以杜邦分析法为基础，结合专项分析、后续分析以对有关问题做更深入更细致的分析与了解；也可结合比较分析法和趋势分析法，将不同时期的杜邦分析结果进行对比趋势化，从而形成动态分析，找出财务变化的规律，为预测、决策提供依据；还可以与一些企业财务风险分析方法相结合，进行必要的风险分析，可为管理者提供决策依据，这种结合实质上是杜邦分析法自身发展的需要，分析者在应用时应注意这一点。

8.2　机理分析

　　杜邦分析对企业生产经营有着重要的指导作用，将杜邦分析纳入智能决策可以很好地说明智能决策的底层穿透性，即杜邦分析可以将顶部综合的净资产收益率指标层层分解到与实际业务相关的指标，有很强的实操性，能够直接为企业的经营实践提供明确的指导。通过杜邦分析体系进行自上而下或自下而上的分析，可以看到净资产收益率与企业的资金来源和结构、销售状况、成本费用控制、资产管理密切相关，各种因素相互制约、相互影响，构成一个有机系统。杜邦分析体系提供的上述财务信息，较好地解释了指标变动的原因和趋势，这为进一步采取具体措施指明了方向，而且还为决策者优化经营结构和理财结构，提高企业偿债能力和经营效益提供了基本思路，即要提高净资产收益率的根本途径在于扩大销售、改善经营结构、节约成本费用、优化资源配置、加速资金周转、优化资本结构等。通过杜邦分析对指标进行层层分解，将反映企业整体状况的综合指标分解细化到与生产实践相关的具体指标，让杜邦分析的结果能够更好地指导企业的生产经营活动。在具体应用杜邦分析体系时，可进行纵向比较（即与以前年度对比）和横向比较（即与本行业平均指标或同类企业对比）；同时应注意，这种方法不是另外建立新的财务指标，而是一种对财务比率进行分解的方法。因此，它既可通过净资产收益率的分解来说明问题，也可通过分解其他财务指标（如总资产报酬率）来说明问题。总之，杜邦分析体系和其他财务分析方法一样，关键不在于指标的计算而在于对指标的理解和运用。杜邦分析体系的作用是为指标的变动追因溯果，为企业采取改进措施指明方向。

　　以系统为例，将企业基本财务信息导入系统后，系统可根据杜邦分析中各个指标间的数学关系自下而上层层计算，从反映企业经营、资产、债务的小指标出发，逐步聚拢计算出反映企业综合状况的净资产收益率指标。这让使用者能够更加全面清晰地了解企业的发展现状，并直观地看出企业的发展短板。

当使用者对企业的进一步发展有一个明确的预期时，智能杜邦分析也可以将指标层层分解，为企业实践提供具体明确的指导。假设企业预期要将净资产报酬率提升至 6%，管理者就可以在系统中输入这一预期数值。在参考前期数据和其他企业数据后，管理者可以按照企业的实际情况，在系统中预设下层指标间的数值关系，这样系统就会按照设置好的关系将大的综合指标自动分解到最底层指标。管理者可以清晰地看到各底层分解指标分别需要提升多少才能实现既定的总体目标，这为企业的管理实践提供了具体的、可执行的目标指导。

8.3　软件实操

用户可在智能决策系统界面左侧选择需要了解的业务单元，点击"杜邦分析"后，出现对应的分析界面。在选择"基于业务"模式后，用户点击想要了解的年月即可获得对应的杜邦分析图。在选择"基于目标"模式后，用户在第一层输入预期指标，在第二层、第三层输入指标分摊比例，在第四层中任意输入其中一个指标值，系统就会将总的净资产收益率指标向下分解，生成基于目标的杜邦分析图。

功能描述

杜邦分析将企业净资产收益率逐级分解为多项财务比率的乘积，基于主要财务比率之间的关系来综合分析企业的财务状况，是一种用来评价公司盈利能力和股东权益回报水平，从财务角度评价企业绩效的经典方法。

结果展示

如图 8-3 和图 8-4 所示，在"杜邦分析"页面，用户可以选择不同时期查看具体的杜邦分析指标。也可以基于预期值将指标分解至各业务层。

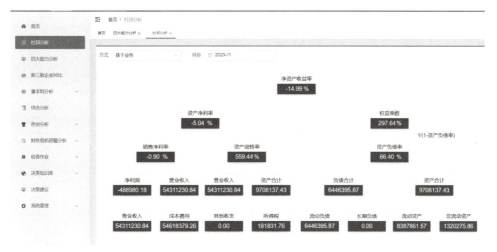

图 8 - 3　杜邦分析：基于业务

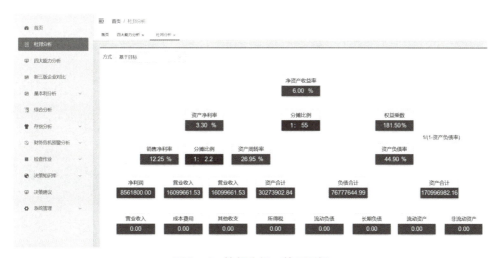

图 8 - 4　杜邦分析：基于目标

8.4　本章小结

　　本章围绕智能杜邦分析的理论基础和机理分析进行介绍，杜邦分析是一种从财务角度评价企业绩效的方法，能将评价企业经营效率、资产情况、债务情况的指标有机地联系起来。而智能杜邦分析将财务指标的分解和汇集过程自动化，体现了智能决策系统的底层穿透性和实践指导能力。

思 考 题

1. 什么是杜邦分析法?

2. 智能杜邦分析如何协助企业决策?

3. 选择一家企业,尝试在系统中对其进行智能杜邦分析。

4. 尝试使用系统中分解出的财务指标指导企业活动。

思考题要点及讨论请扫描以下二维码:

智能财务危机预警分析

本章重点

1. 了解 Z 分数模型的构造和作用。
2. 了解 F 分数模型的构造和作用。
3. 熟练掌握 Z 分数模型、F 分数模型的操作过程。

案例导入 *

I 公司是一家制药企业，成立于 1995 年，是集药品、中药饮片、中药材和医疗器械等供销一体化的大型医药民营企业之一，由于经营不善，公司即将面临财务危机，并有可能成为 *ST 企业。为避免这一结果的出现，公司管理者对公司财务预警指标尤为关注。目前，I 公司管理者十分需要能够动态、实时变化的财务预警分析体系，以及时发现企业财务状况的变动，做出经营决策的调整。

为应对此次风险，I 公司引入智能决策系统，设置科学的预警指标对企业财务状况进行监控，辅助管理者进行财务危机预警分析。I 公司管理者将公司各财务指标导入智能决策系统，智能决策系统中的财务危机预警模块就可以根据已知数据计算出公司的 Z 值得分，同样的，I 公司还可以随时观测到自己的 F 值得分，并结合安全值的范围判断公司目前面临的风险大小。

企业财务预警是设置敏感性预警指标，通过分析企业财务报表或相关经营数据得到预警指标的变化，以此对企业可能或将要面临的财务危机做出预警并实时监控。在智能决策体系中，系统通过使用多变量的 Z 分数模型和 F 分数模型对企业可能的财务危机进行风险预警。财务危机预警是智能决策系统中重要的风险控

---

* 详细案例和进一步讨论，请访问链接网址：http://zhongqishuzhi.com；或扫描章后二维码。

制单元，通过对 Z 分数模型和 F 分数模型的计算，企业生产经营中面临的风险得以被具象化、可视化，可以指导企业进行风险预防和风险应对，降低企业的运营风险。

9.1　Z 分数模型

阿特曼 Z 分数模型是一个多变量财务公式，用以衡量一个公司的财务健康状况，并对公司在 2 年内破产的可能性进行诊断与预测。通过使用智能决策系统，企业可以便捷地完成对 Z 分数模型指标的计算和对风险的判别。本节将从理论基础和软件实操两个部分对 Z 分数模型进行介绍。

9.1.1　理论基础

纽约大学斯特恩商学院教授、金融经济学家爱德华·阿特曼（Edward Altman）在 1968 年对美国破产和非破产生产企业进行观察，采用 22 个财务比率经过数理统计筛选建立了著名的 5 变量 Z 分数模型。Z 分数模型是以多变量的统计方法为基础，以破产企业为样本，通过大量的实验，对企业的运行状况破产与否进行分析、判别的系统。

Z 分数模型在经过大量的实证考察和分析研究的基础上，从上市公司财务报告中计算出一组反映公司财务危机程度的财务比率，然后根据这些比率对财务危机警示作用的大小给予不同的权重，最后进行加权计算得到一个公司的综合风险分，即 Z 值，将其与临界值对比就可知公司财务危机的严重程度。Z 分数模型判别函数为：

$$Z = 1.2X_1 + 1.4X_2 + 3.3X_3 + 0.6X_4 + 0.995X_5 \qquad (9-1)$$

其中：

X_1 = 营运资本/资产总额，它反映了公司资产的变现能力和规模特征。一个公司营运资本如果持续减少，往往预示着公司资金周转不灵或出现短期偿债危机。

X_2 = 留存收益资产总额，反映了公司的累积获利能力。对于上市公司，留存收益是指净利润减去全部股利的余额。

X_3 = 息税前利润/资产总额，即 EBIT/资产总额。可称为总资产息税前利润率，而通常所用的总资产息税前利润率为 EBIT/平均资产总额，分母间的区别在于平均资产总额避免了期末大量购进资产时使 X_3 降低，不能客观反映一年中资产的获利能力的问题，这一指标衡量了上市公司运用全部资产获利的能力。

X_4 = 股东权益的市场价值总额/负债总额。测定的是财务结构，分母为流动负债和长期负债的账面价值之和，分子以股东权益的市场价值取代了账面价值，使分子能客观地反映公司价值的大小。

X_5 = 销售收入/资产总额，即总资产周转率，企业总资产的营运能力集中反映在总资产的经营水平上。如果企业总资产周转率高，说明企业利用全部资产进行经营的成果好；反之，如果总资产周转率低，则说明企业利用全部资产进行经营活动的成果差，最终将影响企业的获利能力。

Z 分数模型以企业的资产规模、变现能力、获利能力、财务结构、偿债能力、资产利用效率等方面综合反映了企业财务状况，进一步推动了财务预警系统的发展。阿特曼通过对 Z 分数模型的研究分析得出 Z 值与公司发生财务危机的可能性成反比。Z 值越小，公司发生财务危机的可能性就越大；Z 值越大，公司发生财务危机的可能性就越小。当 Z<1.8 时，企业属于破产之列危险区；当 1.8 < Z<2.675 时，企业属于"灰色区域"，很难简单得出企业是否肯定破产的结论；当 Z>2.675 时，公司财务状况良好，破产可能性极小。但由于每个国家的经济环境不同，每个国家 Z 值的判断标准也各不相同，因而各国公司 Z 值的临界值也各不相同。

根据阿特曼 Z 得分运用 5 个常用的商业比率作为破产预测因子，经过一定的加权，最后计算得出公司破产的可能性，该公式最初的应用对象是制造业，后经过一定的调整，也同样适用于服务性企业。

9.1.2　软件实操

智能决策系统中预设了 Z 分数模型的计算过程，使用者只需根据公司财务报表输入相关的基本财务指标，系统就会根据已知数据计算出公司所对应的 Z 值，并在输出结果中给出指标的安全范围。

功能描述

阿特曼 Z 得分公式是一个多变量财务公式，用以衡量一个公司的财务健康状况。分析有关变量间的相互依存关系，综合分析各变量对预测准确性的影响程度，最终建立企业财务危机判别函数模型。

结果展示

如图9-1所示，在"财务危机预警分析—Z分数模型"页面，用户添加公司，提取相关数据信息，得出公司的Z指数，以此判断公司的财务状况是否健康。

图9-1　财务危机预警分析：Z分数模型

9.2　F分数模型

F分数模型是运用数理统计的方法，分析有关变量间的相互依存关系，综合分析各变量对预测准确性的影响程度，最终建立企业财务危机判别函数模型。通过使用智能决策系统，企业可以便捷地完成对F分数模型指标的计算和对风险的判别。本节将从理论基础和软件实操两个部分对F分数模型进行介绍。

9.2.1　理论基础

财务风险是筹资投资风险、经营风险、存货风险和流动性风险的共同反映，直接关乎到企业生存和持续经营。建立财务风险预警机制以防微杜渐，是所有上市公司致力寻求的有效风险管理举措。传统的单变量分析、多元判别分析、逻辑回归分析、线性回归分析、神经网络、生存分析和灰色预测模型等财务风险预警方法，都因其原理复杂、运算困难和结论误差等因素，导致无法推广运用。为此，探寻上市公司财务风险预警新方法模式，十分迫切而重要。

1. F 分数模型设计

从应用角度看，F 分数模型相较于灰色预测模型更为简单，对技术指标数量和会计数据要求趋于单一。该模型是北京工业大学教授周首华与美国夏威夷大学杨济华教授等联合在 1996 年以阿特曼创立的 Z 分数模型为基础，增设了对企业财务危机影响直接且巨大的现金流量指标后改进而成的公司偿债能力模型。F 分数模型既遵循了财务理论和 Z 模型的财务危机预警模式，又对 Z 模型有所改进和突破，加之选取样本量（64 家破产企业和 4160 家经营企业）远远超过 Z 分数模型（选择 32 家破产企业和同数量非破产企业），从而大大增强了对企业短期内破产危机预测的准确度，预警精确率达到 68.18%。F 分数模型中，依据财务风险与各项变量指标之间存在的非线性关系采用加权计算办法，即得出公司破产可能性的总判别分数预测值，也称之为财务风险等级值（以下统称"F 值"）。因变量 F 是企业破产指数或财务危机临界值，表示财务风险预警的财务风险上限标准，它与相关财务比率变量呈非线性关系，其函数关系表达式为：

$$F = -0.1774 + 1.1091X_1 + 0.1074X_2 + 1.9271X_3 + 0.0302X_4 + 0.4961X_5$$

$$(9-2)$$

其中，常数是根据样本数据测算得出的财务风险波动规律值。F 分数模型的 5 个自变量的选择都依据财务理论，能够准确地对公司财务风险进行度量。其中 X_3（财务企业经营活动产生现金流量的偿债能力）和 X_5（企业总资产创造现金流量能力）等两个变量，分别是对 Z 分数模型中反映资产获利能力和资产利用效果的两项指标替换，F 值为 0.0274 ± 0.0775，即下值以 0.0274 为财务危机临界点，若某一公司 F 值 < 0.0274，则将被预测为破产公司；反之，则被预测为继续生存公司。临界点区间范围 [-0.0501, 0.10491] 内为财务状况不稳定，由于指标准确性而出现误判的可能性较大。

F 分数模型分析的最显著特征也是最受实务界欢迎之处，就在于它无须通过很久的历史数据，只须预测期财务报告提供相关资产、负债、期末留存收益、净利润、固定资产折旧、利息净值和股东权益市值等指标数据，即可直接测算出企业财务危机等级值：所预测的 F 值与公司破产可能性成反比，即下值越大，公司发生破产的可能性越小；反之，公司发生破产的可能性越大，需向管理层发出的财务风险预警信号越强烈。

2. F 分数模型指标的设立与应用

F 分数模型运用五大自变量指标，包括反映公司流动资本规模用于流动资本偿债能力的资产流动性比率（X_1）、反映期末累计的获利能力（X_2）、反映企业经营活动产生的现金流量用于偿还企业债务的能力（X_3）、反映上市公司资金流动不足以偿债而通过出售公司股票偿还债务的能力（X_4）、反映企业总资产创造现金流量的能力（X_5），$X_1 \sim X_5$ 各项指标值都体现着企业发展的"正能量"，展示出对企业债务风险的抵御能力。所以，各项指标均与财务风险成反比，即 X 越大，企业短期偿债能力越强，短期出现财务危机的可能性越小。需要说明的是，X_4 是公司期末股东权益市场价值（以下简称"权益市价"）与期末总负债的比率，其中的权益市价需通过以下公式计算。

$$股东权益市价 = [（期末资产总额 - 期初资产总额）/期末总股数] \times 未流通股数 + A 股股价 \times A 股流通股数 + H 股股价 \times H 股流通股数$$

$$(9-3)$$

依据各项财务指标和会计数据计算出的各项财务比率，是对公司债务风险或破产危机的综合反映。每个单项指标因资产创造现金流量的多寡，决定着上市公司偿债能力的强弱。

9.2.2 软件实操

智能决策系统中预设了 F 分数模型的计算过程，使用者只须根据公司财务报表输入相关的基本财务指标，系统就会根据已知数据计算出公司所对应的 F 值，并在输出结果中给出指标的安全范围。

▍功能描述

F 分数模型是运用数理统计的方法，分析有关变量间的相互依存关系，综合分析各变量对预测准确性的影响程度，最终建立企业财务危机判别函数模型。

结果展示

如图 9 – 2 所示，在"财务危机预警分析：F 分数模型"页面，用户添加公司，提取相关数据信息，得出公司的 F 指数，以此判断公司的财务状况是否健康。

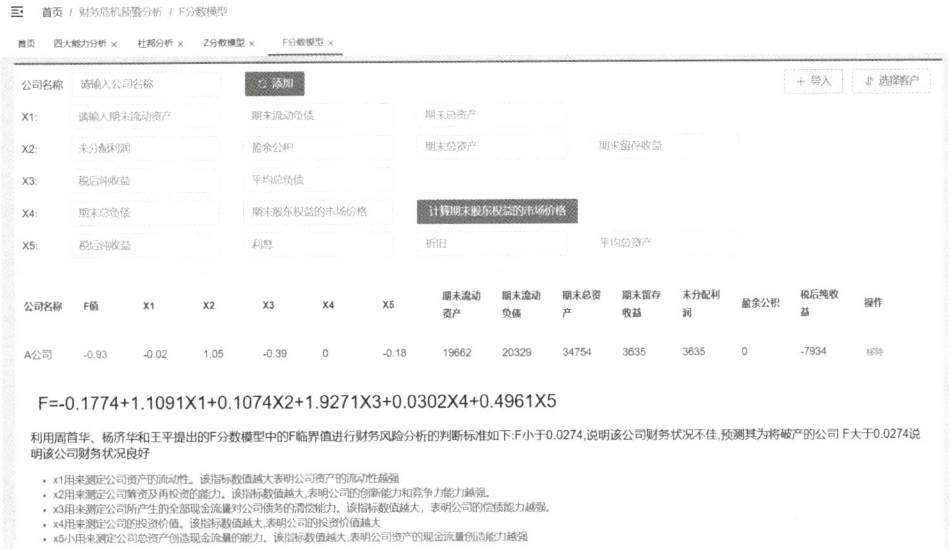

图 9 – 2　财务危机预警分析：F 分数模型

9.3　本章小结

本章介绍了智能财务危机预警中使用的 Z 分数模型和 F 分数模型。通过使用这两种模型，企业可以对其可能面临的财务危机进行动态预警并实时监控。同时，系统中给出的决策建议也能为企业的风险应对提供一定的指导，降低企业的经营风险。

思考题

1. 如何理解 Z 分数模型和 F 分数模型？
2. 选择一家企业，尝试在系统中计算其 Z 值。

3. 选择一家企业，尝试在系统中计算其 F 值。

思考题要点及讨论请扫描以下二维码：

第10章

智能供应链分析

本章重点

1. 了解供应链的三道防线。
2. 了解需求预测的思路和过程。
3. 了解智慧库存管理的思路和过程。
4. 了解智慧应收账款管理的思路和过程。

案例导入[*]

　　G 公司是一家民营制造业企业，其总经理出身基层，有着丰富的管理经验和敏锐的判断力，公司发展初期，企业的信息系统滞后，公司经营生成的数据量少，质量也不高，管理者往往凭借自身经验就能做好公司决策。但随着公司规模逐渐发展壮大，每天业务产生的数据越来越庞杂，这时再依靠以前的经验决策就会显得捉襟见肘。G 公司管理层意识到这一问题，及时调整管理方式，引入智能决策系统，将先前的经验决策改为数据决策，基于数据对公司进行管理。

　　以往 G 公司的经营计划都是由基层或管理者人工做出，随着经营业务的复杂和数据的增加，这种决策方式不仅效率低下、动态性差，而且计划结果很大程度上受到人的影响，计划是供应链的引擎，G 公司的供应链管理也随之受到影响。在使用智能供应链分析模块后，公司的需求预测、库存计划和应收账款管理都得到了科学的分析。

　　过去，供应链分析主要限于统计分析和可量化的需求规划和预测性能指标，数据存储来自供应链中不同参与者的电子表格中。多项研究表明，认知技术或人

---

　　* 详细案例和进一步讨论，请访问链接网址：http://zhongqishuzhi.com；或扫描章后二维码。

工智能将是供应链分析的下一个前沿，人工智能软件能够以类似人类的方式思考、推理和学习，还可以处理大量数据和信息（结构化数据和非结构化数据），并即时提供这些信息的汇总和分析。智能决策系统正是将两者结合起来，为企业提供更加丰富便捷的供应链分析过程。

10.1 理论基础

　　企业有三大支柱职能：研发（产品管理）设计个好产品，营销（需求管理）卖个好价钱，供应链（供应管理）以合适的成本和速度生产出来、配送出去。对于非制造企业来说，如零售、电商和贸易，自己一般没有研发功能，此时生产配送产品就显得尤为重要。如图 10 - 1 所示，供应链是企业的三大支柱职能之一，对企业的经营利润率和资本周转率的影响重大①。

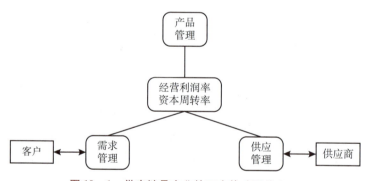

图 10 - 1　供应链是企业的三大战略职能之一

　　供应链管理是采购把东西买进来、生产来增值、物流来配送——这是供应链的三大执行职能：计划告诉采购买什么、买多少，告诉生产部门生产什么、生产多少，告诉物流配送什么、配送多少。从这个意义上讲，计划是供应链的引擎。供应链的很多绩效问题，如成本难以下降、交付做不上去、库存周转慢，看似是执行不到位，其实更多是因为计划的先天不足。通过改善计划来改善执行，在提高供应链绩效上，是行之有效的方法。如图 10 - 2 所示，供应链管理是计划加三大执行职能。

---

　　① 刘宝红，赵玲. 供应链的三道防线：需求预测、库存计划、供应链执行［M］. 北京：机械工业出版社，2018：1 - 5.

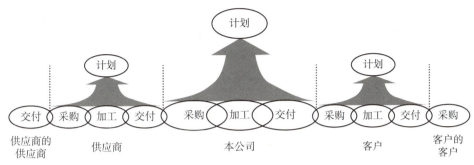

供应商的　　供应商　　　　本公司　　　　　客户　　　　客户的
供应商　　　　　　　　　　　　　　　　　　　　　　　客户

图 10 - 2　供应链管理是计划加三大执行职能

如何做好计划，以及计划与执行的联动？主要有三个环节，或者说供应链的三道防线，那就是需求预测、库存计划和供应链执行。三道防线的逻辑是：所有的预测都是错的，但错多错少不一样，要尽力做出准确度最高的错误的预测，提高首发命中率（第一道防线）；所有的预测都是错的，所以我们设立安全库存或安全产能来应对（第二道防线）；预测失败，安全库存不够，最终要靠供应链的执行能力来弥补（第三道防线）。企业的种种问题，如产销存匹配度低、高库存低周转、运营成本高昂，都可以在供应链的三道防线上找到答案。

这三道防线就相当于三道堤坝：需求预测是第一道堤坝，目标是把大部分洪水给拦住；拦不住的溢出来，流到第二道堤坝，由安全库存来应对；安全库存对付不了的，则由第三道防线——供应链执行来补救。供应链的首要任务是建好前两道堤坝，洪水溢出可以，但不能冲垮，尤其是第一道堤坝被冲垮的话，后面两道注定会垮掉。由于整个供应链执行过于庞大，因此在软件实操中以供应链执行中的一部分——应收账款管理为例进行分析。

供应链的三道防线也为企业应对成本挑战提供了独特的视角。一提到成本，人们就习惯性地想到采购成本，因为对于一般的企业，产品成本的 70% 左右是给供应商的，采购在其中发挥巨大的作用。但是，人们习惯性地忽视了运营成本和库存成本，因为两者主要是隐形成本。供应链的三道防线直接影响的就是这两类成本。

对智能供应链的分析正是依托智能决策系统进行需求预测、库存管理、应收账款管理，以提高企业的经营效率，降低成本。

10.2   软件实操

10.2.1   需求预测

需求预测是指计划并预测货物和物料需求，帮助企业尽可能保持盈利的过程。如果没有强大的需求预测能力，企业将面临供应过剩的风险，浪费大量的成本和资源，或因未能预测客户需求、偏好和购买意图而失去宝贵的商机。

需求预测专业人员拥有专业的技能和经验。有了这些专业技能以及当下时期供应链技术和预测分析技术的加持，企业的供应链将变得更有竞争力、更精简。

在做需求预测时，最好将定性预测和定量预测相结合。二者都需要从供应链的不同数据源中获取洞察。定性数据可以从外部数据源获取，如新闻报道、文化和社交媒体趋势、竞争对手以及市场研究等渠道。客户反馈和偏好等企业内部数据也有助于提高预测的准确性。需求预测流程如图 10 - 3 所示。

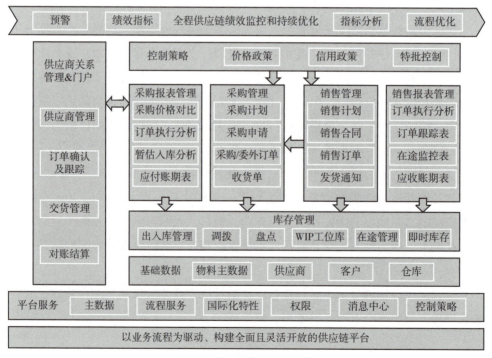

图 10 - 3   需求预测流程

定量数据通常主要从企业内部获取，如从销售数据、购物旺季以及搜索分析等渠道收集。现代技术采用高级分析工具、强大的数据库，以及人工智能和机器学习技术来分析和处理错综复杂的数据集。如果将现代技术应用于定性和定量预测分析，供应链经理将能够不断提高预测的准确性和供应链韧性（何其和欧阳钰霓，2020）。

宏观层面的需求预测：宏观层面的需求预测需考虑总体经济状况、外部因素以及其他可能中断或影响业务的广泛影响因素。这些因素有助于企业了解区域性和全球性风险或机遇，随时洞悉文化和市场环境的变化。

微观层面的需求预测：微观层面的需求预测可以细化到特定的产品、地区或客户群。这类预测方法尤其适用于可能导致需求突增或骤降的一次性或意外的市场变化。例如，如果专家预测纽约将迎来酷暑，而企业正好生产便携式空调，那么企业完全可以在权衡风险后，提前增加该地区的库存缓冲。

短期需求预测：短期需求预测可以从微观和宏观两个层面进行。通常来说，短期需求预测的时效不超过一年，可用于指导日常业务运营。例如，需求预测人员会咨询公司的销售和营销团队，看看他们是否正在策划可能引起需求激增的促销或销售活动。

长期需求预测：长期需求预测也可以从微观或宏观层面进行，但时效至少是 1 年以上。这有助于企业就业务扩张、企业投资、收购或新合作伙伴关系等方面作出更明智的决策。如果企业给自己至少 1 年的时间来分析和测试市场，那么当他们在新的国家或地区开设商店或推出产品时，就能更准确、更清晰地预测产品的需求趋势。

需求预测是供应链计划流程中的重要环节，也是其他众多流程的基础。因此，采用精简且全面的需求预测实践来支持其他供应链计划功能对企业来说很有诱惑力。只要方法得当，需求预测的目标很简单：预测客户将购头的商品及其数量，以及购物的时机。其他供应链功能（如销售和运营计划、库存优化以及响应和供应计划）将通过集成式业务计划系统为需求预测提供补充。如果这些工具能够各尽所长，那么需求预测工具就可以充分发挥其优势。

当供应链技术（特别是支持需求和库存预测的技术）搭载了人工智能和机器学习技术后，处理的数据越多，它们就会变得更高效、更准确、更具洞察力。不要只依靠过去的销售记录或产品绩效等历史数据，企业可以探索其他数据源，如新闻、政治、社交趋势和客户洞察。

如今，不是只有简单的线性数据才能得到有效的分析。现代数据管理工具完全可以处理和管理复杂的大型数据集。凭借速度优势和智能功能，人工智能和机器学习不仅支持高级预测分析，还支持从经验和累计输入的数据中不断学习。

制定供应链计划时，采用切合实际的战略性方法才能取得最佳效果。传统的做法和工作流很难调整，人们往往会拒绝做出改变。但归根结底，随着需求预测和供应链计划流程的优化，不仅供应链团队成员可以获得更流畅、更高效的工作体验，企业也可以提高盈利能力，降低风险和损失。通过尽早分配预算和团队资源，企业能够确保供应链优化计划得到更好的响应和更平稳的部署。

企业向供应链数字化转型目标迈进的每一步，都有助于进一步提升可视性和工作效率。在当今竞争激烈的商业环境中，这两点对于企业来说必不可少。你需要与供应链经理和企业的所有团队负责人紧密合作，共同打破数据孤岛，了解可能隐藏的最大风险，并紧紧抓住在短期和长期内取得成功的最佳机遇。

10.2.2　智慧库存管理

如图 10 - 4 所示，智慧仓库的入库作业流程主要包括入库的准备工作、接运货、办理交接、入库验收、组织入库等环节，每个环节中所使用的智能设备通过网络，将实时采集到的数据信息发送至仓库管理后台，后台进行入库信息的实时更新（吴迪，2021）。

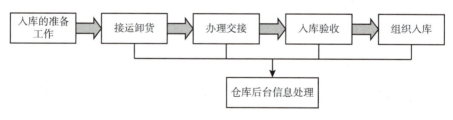

图 10 - 4　智慧入库

货物保管的任务就是在认识和掌握各种库存货物变化规律的基础上，科学地运用这些规律，采取相应的措施和手段，根据货物性能和特点，有效地抑制内外界因素的影响，为库存货物提供适宜的保管环境和良好的保管条件，最大限度地减缓或控制有损于货物使用价值的变化，以确保货物质量完好，并充分利用现有仓储设施，为经济合理地组织货物供应打下良好基础。

货物保管的原则：质量第一原则、效率原则、科学合理原则、预防为主原则。货物堆就是根据物品的包装、外形、性质、特点、重量和数量，结合季节和气候情况，以及储存时间的长短，按一定的规律堆码成各种形状的货物。其目的在于方便对物品进行维护、清点等，同时也是为了提高仓容利用率。智慧货物保管涉及的部分如图 10 – 5 所示。

温湿度自动监控技术	荧光氧气传感器——保鲜的气压传感器技术	货位监控压力传感器技术	物品存储周期的自动监控技术
仓库温湿度自动监控系统由三大部组成：数据中心、仓库监控点、用户手机。仓库温湿度自动监控系统主要功能：24小时监控、设定报警值、全中文图形界面、可打印报告、轻松查看数据等	荧光氧气传感器就是通过精确的测量氧气以及二氧化碳的浓度来调整气调库的气氛环境，从而延长易腐食品的保质期	智慧仓储中，货位的受压情况可以采用压力传感器进行监控，通过工作指示灯、报警指示灯和报警蜂鸣器，超大液晶屏实时显示货位当前压差值，当达到设定值时输出开关信号，通知仓管人员，进行货位科学合理的管理等	智慧仓储中，会采用物品存储期限的监控技术，可以对物品存储设备中物品的存储期限进行自动化监控和提醒
01	02	03	04

图 10 – 5　智慧货物保管

盘点是存货管理的重要组成部分，存货盘点可以查清实际存量，帮助企业计算资产损益，发现货物质量和货物管理中存在的问题。智慧盘点流程如图 10 – 6 所示。

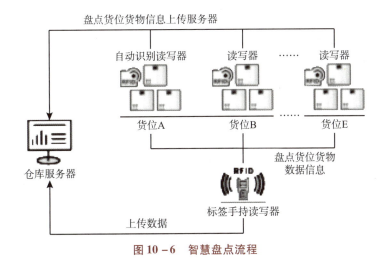

图 10 – 6　智慧盘点流程

在智慧出库环节，出库凭证和手续必须符合要求，严格遵守出库的各项规章制度，严格贯彻"先进先出，后进后出"原则，提高出库效率和服务品质。智慧出库流程如图 10 – 7 所示。

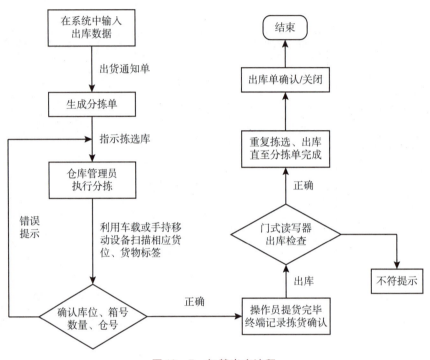

图 10 – 7　智慧出库流程

10.2.3　智慧应收账款管理

应收账款管理系统主要用于核算和管理单位与客户之间的往来款项。在应收账款管理系统中，以销售发票、其他应收单、收款单等原始单据为依据，对企业的往来账款进行综合管理，及时、准确地提供客户的往来账款余额资料，提供各种分析报表，如账龄分析表、周转分析表、欠款分析表、坏账分析表、回款分析表、情况分析表等，通过各种分析报表，帮助软件使用者合理的进行资金的调配，提高资金的利用效率（刘永海，2022）。应收账款管理流程如图 10 – 8 所示。

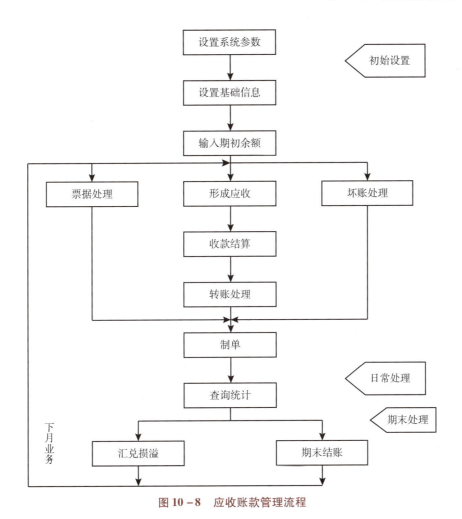

图 10 - 8　应收账款管理流程

应收账款管理系统是指企业为了更好地管理和控制应收账款而采用的一种信息化管理系统。该系统主要通过自动化处理和跟踪应收账款的各个环节以及提供及时的数据分析和报表支持，从而提高企业的资金运作效率和管理水平。其操作流程一般包括以下四个步骤。

1. 客户信息管理

在应收账款管理系统中，首先需要建立客户档案，包括客户名称、联系方式、信用等级、应收账款余额等信息，并对客户进行分类和评估。客户信息的建立可以通过手工录入、批量导入或和其他系统集成等方式实现。

2. 销售订单管理

销售订单是应收账款管理系统的核心环节之一，它涉及销售合同的签订、产品发货、发票开具和收款等各个环节。在销售订单管理中，需要对订单进行审核、确认、分配和跟踪，同时还需要根据客户信用等级和历史记录等因素进行风险评估和决策。

3. 应收账款管理

应收账款管理是应收账款管理系统的另一个核心环节，它涉及应收账款的核销、催款、查询和统计等方面。在应收账款管理中，需要及时记录客户的付款情况、跟进催收进展和对账单进行调整，同时还需要对账龄、坏账率和回收率等指标进行监控和分析。

4. 报表分析和决策支持

应收账款管理系统可以提供各种报表和数据的分析功能，帮助企业实时了解应收账款的情况和趋势，为决策提供支持。常见的报表和分析功能包括账龄分析、坏账率分析、回收率分析、客户信用评估等。

10.3 本章小结

本章介绍了智能供应链分析的三大防线，并在软件实操中详细介绍了企业的需求预测、库存管理和应收账款管理。智能决策系统使企业对供应链的分析脱离了人工和电子表格，面对大量的信息和数据，智能决策系统能够即时汇总和分析已有数据，为企业供应链管理提供强大助力。

 思考题

1. 供应链的三道防线是什么？
2. 需求预测有什么意义？
3. 制定并优化供应链计划有什么好处？
4. 应收账款管理系统操作流程包括哪些步骤？

思考题要点及讨论请扫描以下二维码：

第11章

综合报告及决策建议

1. 了解智能决策系统中综合报告的分析思维和分析逻辑。
2. 熟悉和掌握智能决策系统中获取决策建议的基本操作。

 案例导入[*]

作为我国先进水平的电子精密企业，某3C制造业龙头企业虽然现有的生产模式已经具有了完善的信息化系统作为支撑，但是仍有生产排程的问题亟待优化。该企业了解到智能决策技术在工业制造领域的势头正盛，各个行业龙头企业也正纷纷通过智能决策技术进行供应链计划升级转型。此时，既能提供智能高效的排产解决方案、满足中长期到短期日计划自动排程排产需求，又能够理解模具制造业务运作模式和个性化需求的悠桦林，成为该企业的最终之选。悠桦林经过深入调研和实地考察，系统梳理了该3C制造企业生产排程存在的问题，悠桦林根据该企业面临的困境和业务现状，为其搭建了一套智能排程系统，为其量身打造了一套智能供应链计划与排程解决方案，为该企业带来全局精益化水平的显著提升。

会计职能的发展体现了使用者对于信息要求的不断提高，会计的本质是提供信息，随着数字技术的不断进步，智能会计体系能够反映越来越多的交易事项的本质，并且处理更加复杂的经济业务，这就使会计职能向越来越复杂的方向演化。伴随着经济和会计实务的进步与发展，各个行业和各种规模的企业生产、经营、决策过程呈现了几大发展趋势：经营业务复杂化程度提升、需要进行会计处理的业务数量剧增、竞争的加剧对决策效率提出了更高的要求、集团化发展使企

---

* 详细案例和进一步讨论，请访问链接网址：http://zhongqishuzhi.com；或扫描章后二维码。

业的规模扩大。智能决策系统通过对企业的各项关键指标数据进行分析，会为企业自动生成相应的决策建议，从而有效指导企业的生产经营决策，提高企业的运行效率，同时还可以帮助企业快速识别目前经营的薄弱部分，使其予以关注并改进，以提高其市场竞争力。

11.1　理论基础

　　传统财务分析决策体系主要依托于基础财务分析工具和会计信息，这些财务分析的工具主要是通过传统财务指标和财务模型对相关数据进行分析，其存在较强的主观性、数据来源单一、难以实时反馈等问题。基于此，以基础财务数据获取、简单的量化财务分析体系和质性财务决策框架为基础的财务体系会越来越难以满足企业经营和发展的需要。这也是需要进行智能化财务分析和决策的必要性。财务分析与决策系统作为管理决策系统的一个重要组成部分，是企业实现信息化管理的重要决策基础。依托于数据技术的智能财务分析与决策体系可以帮助企业对各种核算数据和业务数据进行分类、整理和加工，将以往无法采集和正确使用的数据转化成能为高层决策者所使用的决策支持信息①。智能决策系统在会计中的应用主要是从管理会计的角度出发对企业的经营业务数据进行分析，因此接下来会首先介绍管理会计系统的运行机理与应用情景，然后再对系统生成的综合报告进行详细介绍。

1. 管理会计系统的运行机理

　　目前企业常见的管理问题主要有三个：一是技术与专业的边界被重新定义，相关数据库的建设内容局限于会计核算、资金收付和发票处理，未能从财务整体绩效角度规划建设内容；二是企业发展的经营需求愈加复杂，当数据呈指数级增长时，手工计算已经无法满足准确、客观、高速以及可追溯的经营需求；三是财务精细化程度无法支撑经营决策，由于财务数据的精细化程度有限，导致财务管控力不够，无法支撑经济效益评价。而管理会计"用数据说话、用量化管理"，数据是管理会计发挥职能的重要支撑，管理会计信息系统建设首先要解决数据来源和数据质量的问题，其次再通过数据挖掘潜在价值。因此，管理会计信息系统

---

① 智能财务：赋能未来的财务管理［EB/OL］. 搜狐，2023 – 06 – 14.

需要强大的数据治理能力、数据建模能力和数据洞察能力。管理会计的核心是收集数据、建立模型、呈现数据、解决问题，建模能力是管理会计平台的核心能力。具体来讲：

（1）多维数据库。

多维数据模型是为了满足用户从多角度、多层次进行数据查询和分析的需要而建立起来的模型。通过多维数据库自助灵活地建立各类多维数据模型，更好地支撑企业管理决策和业务运营。

（2）数据中台。

数据中台为企业提供完整的数据处理能力和数据治理能力。在管理会计思想的指导下，通过数据存储、数据加工、数据标准、数据治理、数据共享、数据模型、数据应用等一系列数据生命周期建设，全面升级企业的数据管理能力，更好地挖掘和发挥数据价值。

（3）人工智能。

以自然语言识别、知识图谱、机器学习等为代表的 AI 推动了管理会计中的大数据分析和数据智能洞察用户体验。在 AI 的加持下，管理会计体系将会逐步帮助企业从烦琐重复的日常事务中解放出更多的人力资源，将资源更好地集中在创新型业务上，推动企业更高效、高质量地发展。

2. 管理会计系统的应用

管理会计系统主要服务于企业内部管理需要，通过利用相关信息，有机融合财务与业务活动，在规划、决策、控制和评价等方面发挥着重要的管理作用。大多数企业管理会计信息化运用领域聚焦在全面预算、合并报表、管理报告和成本管理等方面。而本系统基于企业数字化 PaaS[①] 平台架构，以内存多维数据库计算技术为核心，包括四力分析、本量利分析、存货分析、杜邦分析等功能模块，实现了企业信息化的统一性、标准化，并通过使用自然语言识别技术，使用户可以随时随地、实时高效地与数据进行"无门槛"交互，创新了用户与数据交互的方式。借助机器学习技术，自动识别发现数据异常并进行预警、归因分析和洞察，使数据分析变得简单，以更高水平实现企业数据驱动和决策支持。本系统为企业生成的综合报告运用管理会计方法和其他有益的方法，面向管理场景，对决策所

---

① 平台即服务（platform as a service，PaaS）是一种云计算服务，提供运算平台与解决方案服务。在云计算的典型层级中，PaaS 层介于软件即服务与基础设施即服务之间。

需要的信息进行处理，以达到应对企业问题挑战、实现价值管理和提供决策支持的目标。其主要应用场景如下所示。

（1）管理驾驶舱。

管理者数据仪表盘，通过一系列量化指标显示关键业务的数据及执行情况，实时反映企业经营状况。

（2）经营分析。

通过对企业经营的把握，更细粒度地挖掘人力、物力、财力的潜力，指导企业合理安排经营活动，帮助提高经济效益。

（3）行业对标。

通过内外部数据帮助企业找到国内外同行业与之匹配的对标企业，利用管理和技术措施，助力企业达到标杆水平。

3. 综合报告分析

（1）综合分析的关键指标。

本系统将从以下四个维度选取企业的关键财务指标进行综合分析，通过与相应的评价标准进行对比，从而客观评价企业的绩效，生成相应的决策建议报告。其中，各指标的评价标准：分行业、分年份参考《企业绩效评价标准值》。

①盈利能力分析（见表 11 – 1）。

表 11 – 1　　　　　　　　　　　　盈利能力指标

指标名称	指标内涵	计算公式	备注
净资产收益率（%）	反映所有者权益所获报酬的水平	净利润/股东权益×100%	—
总资产报酬率（%）	表示企业包括净资产和负债在内的全部资产的总体获利能力，用以评价企业运用全部资产的总体获利能力，是评价企业资产运营效益的重要指标	息税前利润/资产平均总额×100%	一般情况下，企业可根据此指标与市场资本利率进行比较，如果该指标大于市场利率，则表明企业可以充分利用财务杠杆，进行负债经营，获取尽可能多的收益
销售利润率（%）	反映企业营业收入创造净利润的能力。营业净利率是企业销售的最终获利能力指标，比率越高，说明企业的获利能力越强	净利润/营业收入	—

续表

指标名称	指标内涵	计算公式	备注
盈余现金保障倍数（%）	反映了企业当期净利润中现金收益的保障程度，从现金流入和流出的动态角度真实地反映了企业的盈余质量	经营现金净流量/净利润	一般而言，当企业当期净利润大于 0 时，该指标应当大于 1。该指标越大，表明企业经营活动产生的净利润对现金的贡献越大，利润的可靠性较高，具有一定的派现能力
成本费用利润率（%）	表明每付出 1 元成本费用可获得多少利润，体现了经营耗费所带来的经营成果。该项指标越高，利润就越大，反映企业的经济效益越好	利润总额/成本费用总额×100%	式中的利润总额和成本费用总额来自企业的损益表。成本费用一般指主营业务成本及附加和三项期间费用（销售费用、管理费用、财务费用）
资本收益率（%）	反映企业运用资本获得收益的能力。资本收益率越高，说明企业自有投资的经济效益越好，投资者的风险越少，值得继续投资	净利润/平均资本×100%	—

②债务风险分析（见表 11 - 2）。

表 11 - 2　　　　　　　　　　债务风险指标

指标名称	指标内涵	计算公式	备注
流动比率	衡量企业流动资产在短期债务到期以前，可以变为现金用于偿还负债的能力	流动资产/流动负债×100%	一般说来，比率越高，说明企业资产的变现能力越强，短期偿债能力亦越强；反之则越弱。一般认为流动比率应在 2：1 以上
速动比率	衡量企业流动资产中可以立即变现用于偿还流动负债的能力	速动资产/流动负债×100% 速动资产是企业的流动资产减去存货和预付费用后的余额	一般认为合理的最低速动比率为 1
现金比率（%）	在企业因大量赊销而形成大量的应收账款时，考察企业的变现能力时所运用的指标，现金是指库存现金和银行存款，短期证券主要是指短期国库券	（货币资金 + 有价证券）÷流动负债	现金比率越高，说明变现能力越强，一般在 20% 以上
资产负债率（%）	衡量企业利用债权人提供的资金进行经营活动的能力，以及反映债权人发放贷款的安全程度的指标	总负债/总资产×100%	企业的资产负债率一般低于 50% 较为合适

指标名称	指标内涵	计算公式	备注
利息保障倍数	不仅反映了企业获利能力的大小，而且反映了获利能力对偿还到期债务的保证程度，它既是企业举债经营的前提依据，也是衡量企业长期偿债能力大小的重要标志	息税前利润/利息支出 息税前利润 = 净利润 + 所得税 + 利息费用 "利息支出"：计入利润表财务费用的利息（费用化的利息）& 计入资产负债表资本成本的利息（资本化的利息）	利息保障倍数越高，长期偿债能力越强。因为： 1. 偿还利息的缓冲效果越多。 2. 保持按时付息的信誉，则长期负债可以延续，举借新债也容易。利息保障倍数的基准是 1。 3. 若利息保障倍数小于 1，表明自身产生的经济收益不能支持现有的债务规模。 4. 若利息保障倍数等于 1，也很危险，因为息税前利润受经营风险影响，是不稳定的，而利息支出却是固定的

③资产质量分析（见表 11 - 3）。

表 11 - 3　　　　　　　　　　　　资产质量指标

指标名称	指标内涵	计算公式	备注
总资产周转率（次）	考察企业资产运营效率的一项重要指标，体现了企业经营期间全部资产从投入到产出的流转速度，反映了企业全部资产的管理质量和利用效率	营业收入净额/资产平均余额	一般情况下，该数值越高，表明企业总资产周转速度越快。销售能力越强，资产利用效率越高
存货周转率（次）	用于反映存货的周转速度，即存货的流动性及存货资金占用量是否合理，促使企业在保证生产经营连续性的同时，提高资金的使用效率，增强企业的短期偿债能力	成本基础的存货周转次数 = 营业成本/存货平均余额 其中：存货平均余额 =（期初存货 + 期末存货）/2	—
应收账款周转率（次）	反映公司应收账款周转速度的比率，它说明一定期间内公司应收账款转为现金的平均次数	理论公式：赊销收入净额/应收账款平均余额 运用公式：营业收入净额/应收账款平均余额	一般来说，应收账款周转率越高越好，表明公司收账速度快，平均收账期短，坏账损失少，资产流动快，偿债能力强。但从另一方面说，如果公司的应收账款周转天数太短，则表明公司奉行较紧的信用政策，付款条件过于苛刻，这样会限制企业销售量的扩大，特别是当这种限制的代价（机会收益）大于赊销成本时，会影响企业的盈利水平

指标名称	指标内涵	计算公式	备注
流动资产周转率（次）	反映了企业流动资产的周转速度，是从企业全部资产中流动性最强的流动资产角度对企业资产的利用效率进行分析，以进一步揭示影响企业资产质量的主要因素	营业收入净额/流动资产平均余额	—
资产现金回收率（%）	衡量某一经济行为发生损失大小的一个指标，旨在考评企业全部资产产生现金的能力，该比值越大越好	经营现金净流量/平均资产总额×100%	回收率越高，说明收回的资金占付出资金的比例高，损失小，回收率低则损失较大

④经营增长分析（见表11-4）。

表 11-4   经营增长指标

指标名称	指标内涵	计算公式	备注
销售增长率（%）	衡量企业经营状况和市场占有能力、预测企业经营业务拓展趋势的重要指标，也是企业扩张增量资本和存量资本的重要前提	本年销售额/上年销售额-1	—
资本保值增值率（%）	反映了企业资本的运营效益与安全状况	（期初所有者权益+本期利润）/期初所有者权益×100%	反映了投资者投入企业资本的保全性和增长性，该指标越高，表明企业的资本保全状况越好，所有者权益增长越快，债权人的债务越有保障，企业发展后劲越强
销售利润增长率（%）	反映企业营业利润的增减变动情况	本年营业利润增长额/上年营业利润总额×100%	—
总资产增长率（%）	分析企业当年资本积累能力和发展能力的主要指标	本年总资产增长额/年初资产总额×100%	总资产增长率越高，表明企业一定时期内资产经营规模扩张的速度越快。但需要关注资产规模扩张的质和量的关系，以及企业的后续发展能力，避免盲目扩张

（2）综合报告的核心优势。

该综合报告具有以下三大核心优势。

①全景业务洞察，直击问题本质。

体系化梳理繁杂的管理诉求，快速理解企业商业模式和经营管理特色，快速帮助企业构建起全面的业务洞察能力，深入业务场景，支撑管理决策，赋能一线工作。

②模型与数据整合，支撑业务决策。

基于可配置化的财务模型、业务模型、统计模型和机器学习模型，整合业务财务数据，使数据能够清晰地表述业务，实现实时、高质量的业务判断。

③个性化用户体验，打造优秀执行力。

业务人员可以灵活便捷地自定义各种多维分析报告，结合 AI 智能应用，更好地满足企业高层管理者的阅读习惯和偏好，管理运营，打造优秀执行力。

因此该报告可以为企业各层级进行规划、决策、控制和评价等管理活动提供有用信息，更好地助力企业管理在线、经营监控、实时决策、目标协同的实现，助力企业智算未来。

11.2　决策建议

智能决策系统可以根据企业经营数据提出相应的决策建议，在与行业情况和标杆企业的数据进行比较后指出值得企业关注的财务指标，让企业的财务决策更加便捷化、可视化、智能化。在智能决策系统中，使用者可在决策建议模块中勾选出感兴趣的指标，系统中将自动针对选出的指标生成关于企业状况变动纵向差异，与标杆企业、行业均值横向差异的分析报告。而当使用者需要得到完整的指标分析和总体决策报告时，则需选择全部指标，这样智能决策系统就会综合企业整体的指标对企业的发展经营状况进行分析，并针对企业可能面临的风险和值得关注的指标给出相关建议。

以系统中林鸿模具钢铁股份有限公司为例，企业的总体决策建议如下所示。

1. 盈利能力分析

净资产收益率为7%，与（2022年/第4季度）相比提高了1%，比行业均值高2%，比标杆企业高2%。

总资产报酬率为6%，比市场利率高2%，说明企业可以充分利用财务杠杆获取更高收益，与标杆企业相比高了1%。

销售利润率为9%，与（2022年/第4季度）相比提高了1%，比行业均值高3%，与标杆企业相比高了2%。

盈余现金保障倍数为1.5，比行业均值高0.2，与标杆企业相比高了0.1，说明企业利润的可靠性较高。

成本费用利润率为 11%，与（2022 年/第 4 季度）相比提高了 1%，说明企业经济效应有所提高，与行业均值持平，与标杆企业相比低了 2%。

资本收益率为 12%，与（2022 年/第 4 季度）持平，说明企业自有投资的经济效应保持良好，比行业均值高 1%，与标杆企业相比低了 1%。

2. 偿债能力分析

流动比率为 1.5，其取值小于 2 且低于行业均值，说明企业短期偿债能力较弱。

速动比率为 0.5，其取值小于 1 且低于行业均值，说明企业流动负债偿还能力亟待提升。

现金比率为 15%，其取值低于 20%，且低于行业均值，说明企业应收账款过多，变现能力有待提高。

资产负债率为 75%，其取值高于 50%，与行业均值相比高 6%，说明企业负债过高。

利息保障倍数为 12，其取值大于 1，且比行业均值高 2，说明企业获利能力和长期偿债能力较强。

3. 营运能力分析

总资产周转率为 0.4，与（2022 年/第 4 季度）持平，比行业均值低 0.1，表明企业总资产周转较慢，资产利用效率较低。

存货周转率为 4.5，与（2022 年/第 4 季度）相比提高了 0.3，比行业均值高 0.5，表明企业相对于行业整体存货流动性较强。

应收账款周转率为 6，与（2022 年/第 4 季度）相比降低了 0.2，且明显低于行业均值，表明企业坏账风险高。

流动资产周转率为 2.3，与（2022 年/第 4 季度）相比降低了 0.2，比行业均值高 0.9，说明企业流动资产利用效率较高。

资产现金收回率为 12%，与（2022 年/第 4 季度）相比提高了 2%，比行业均值高 1%，比标杆企业低 2%，说明企业全部资产产生现金的能力良好。

4. 成长能力分析

销售增长率为 1.4%，与（2022 年/第 4 季度）相比提高了 0.3%，比行业均值高 0.1%，比标杆企业高 0.2%，说明企业市场竞争力较强。

　　资本保值增值率为 16%，与（2022 年/第 4 季度）相比提高了 2%，比行业均值高 3%，比标杆企业高 2%，说明企业资本保全状况较好。

　　销售利润增长率为 15%，与（2022 年/第 4 季度）相比提高了 4%，比行业均值高 6%，比标杆企业高 3%，说明企业营业利润较高。

　　总资产增长率为 20%，与（2022 年/第 4 季度）相比提高了 3%，明显高于行业均值，说明企业应警惕盲目扩张。

5. 总体建议

　　从企业的盈利能力、营运能力、成长能力指标中可以看出企业的销售、利润、成本情况良好，竞争力较强，经营情况呈现稳中向好的态势。但企业在销售增长的同时应收账款周转率和现金比率低于行业均值，说明企业应收账款比例较大，应适当收紧企业的信用政策，降低坏账风险，防止"虚假繁荣"。企业偿债能力指标存在异常，负债过高且短期偿债能力弱，但长期偿债能力保持正常，说明企业流动资产偏少而非流动资产偏多，加之企业总资产增长率明显过高，说明企业存在负债扩张的情况。钢铁行业整体的发展情况并不十分乐观，虽然目前企业经营向好，但从整体分析，企业资产规模/业务规模的同比变动水平偏高。因此，企业应关注在行业整体低迷时扩张带来的债务违约风险，审慎评估自身条件，选择平稳可控的扩张政策，警惕盲目扩张。

11.3　软件实操

功能描述

　　决策建议是系统基于综合报告中的关键指标为企业自动生成的相应决策建议报告。本系统创建了较为全面的建议库，而且运用专家知识，自动对勾选中的指标进行分析，并根据企业的具体财务状况提供针对性的建议，当选中全部指标时，系统还会对指标分析结果进行总结，生成总体建议，实现企业决策的智能化，提高决策效率。

操作步骤

　　如图 11 - 1 和图 11 - 2 所示，首先，点击"综合分析"模块，系统会集中呈现营运能力、发展能力、负债能力以及盈利能力的各模块详细指标的数值；其次，用户可以根据需要依次点击右侧列的向下箭头，选择目标企业进行数据对比，可以直接观察本企业的各项指标数值与目标企业存在的差距；再次，点击"决策建议"模块，系统会集中呈现反映企业盈利能力、偿债能力、营运能力以及成长能力四个维度的关键指标的详细介绍，用户勾选感兴趣的指标；最后，点击"生成报告"，系统将会自动生成企业的财务分析决策报告。

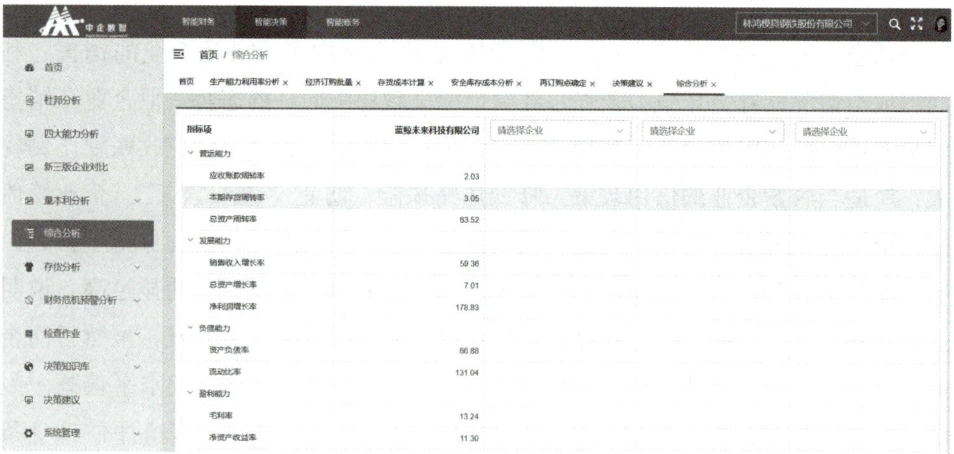

图 11-1   综合分析

图 11-2   决策建议

林鸿模具钢铁股份有限公司 2023 年（第 1 季度），财务分析决策报告如表 11 - 5 所示。

表 11 - 5　　林鸿模具钢铁股份有限公司 2023 年（第 1 季度）财务分析决策报告

项目	本期实际值	前期实际值	行业均值	标杆企业	是否值得关注
一、盈利能力分析					
净资产收益率（%）	7	6	5	5	否
总资产报酬率（%）	6	5	4	5	否
销售利润率（%）	9	8	6	7	否
盈余现金保障倍数	1.5	1.3	1.3	1.4	否
成本费用利润率（%）	11	10	10	13	否
资本收益率（%）	12	12	11	13	否
二、偿债能力分析					
流动比率	1.5	1.3	1.7	2.1	是
速动比率	0.5	0.4	0.9	1	是
现金比率（%）	15	13	20	23	是
资产负债率（%）	75	53	69	60	是
利息保障倍数	12	14	10	13	否
三、营运能力分析					
总资产周转率	0.4	0.4	0.5	0.6	是
存货周转率	4.5	4.2	4	4.7	否
应收账款周转率	6	6.2	7.4	7	是
流动资产周转率	2.3	2.5	1.4	1.5	否
资产现金回收率（%）	12	10	11	14	否
四、成长能力分析					
销售增长率（%）	1.4	1.1	1.3	1.2	否
资本保值增值率（%）	16	14	13	14	否
销售利润增长率（%）	15	11	9	12	否
总资产增长率（%）	20	17	10	12	是

1. 盈利能力分析

净资产收益率为 7%，与（2022 年/第 4 季度）相比提高了 1%，比行业均值高 2%，比标杆企业高 2%。

总资产报酬率为 6%，比市场利率高 2%，说明企业可以充分利用财务杠杆获取更高收益，与标杆企业相比高了 1%。

销售利润率为 9%，与（2022 年/第 4 季度）相比提高了 1%，比行业均值高 3%，与标杆企业相比高了 2%。

盈余现金保障倍数为 1.5，比行业均值高 0.2，与标杆企业相比高了 0.1，说明企业利润的可靠性较高。

成本费用利润率为 11%，与（2022 年/第 4 季度）相比提高了 1%，说明企业经济效应有所提高，与行业均值持平，与标杆企业相比低了 2%。

资本收益率为 12%，与（2022 年/第 4 季度）持平，说明企业自有投资的经济效应保持良好，比行业均值高 1%，与标杆企业相比低了 1%。

2. 偿债能力分析

流动比率为 1.5，其取值小于 2 且低于行业均值，说明企业短期偿债能力较弱。

速动比率为 0.5，其取值小于 1 且低于行业均值，说明企业流动负债偿还能力亟待提升。

现金比率为 15%，其取值低于 20%，且低于行业均值，说明企业应收账款过多，变现能力有待提高。

资产负债率为 75%，其取值高于 50%，与行业均值相比高 6%，说明企业负债过高。

利息保障倍数为 12，其取值大于 1，且比行业均值高 2，说明企业获利能力和长期偿债能力较强。

3. 营运能力分析

总资产周转率为 0.4，与（2022 年/第 4 季度）持平，比行业均值低 0.1，表明企业总资产周转较慢，资产利用效率较低。

存货周转率为 4.5，与（2022 年/第 4 季度）相比提高了 0.3，比行业均值高 0.5，表明企业相对于行业整体存货流动性较强。

应收账款周转率为 6，与（2022 年/第 4 季度）相比降低了 0.2，且明显低于行业均值，表明企业坏账风险高。

流动资产周转率为 2.3，与（2022 年/第 4 季度）相比降低了 0.2，比行业均值高 0.9，说明企业流动资产利用效率较高。

资产现金收回率为 12%，与（2022 年/第 4 季度）相比提高了 2%，比行业均值高 1%，比标杆企业低 2%，说明企业全部资产产生现金的能力良好。

4. 成长能力分析

销售增长率为 1.4%，与（2022 年/第 4 季度）相比提高了 0.3%，比行业均值高 0.1%，比标杆企业高 0.2%，说明企业市场竞争力较强。

资本保值增值率为 16%，与（2022 年/第 4 季度）相比提高了 2%，比行业均值高 3%，比标杆企业高 2%，说明企业资本保全状况较好。

销售利润增长率为 15%，与（2022 年/第 4 季度）相比提高了 4%，比行业均值高 6%，比标杆企业高 3%，说明企业营业利润较高。

总资产增长率为 20%，与（2022 年/第 4 季度）相比提高了 3%，明显高于行业均值，说明企业应警惕盲目扩张。

5. 总体建议

从企业的盈利能力、营运能力、成长能力指标中可以看出企业的销售、利润、成本情况良好，竞争力较强，经营情况呈现稳中向好态势。但企业在销售增长的同时应收账款周转率和现金比率低于行业均值，说明企业应收账款比例较大，应适当收紧企业的信用政策，降低坏账风险，防止"虚假繁荣"。企业偿债能力指标存在异常，负债过高且短期偿债能力弱，但长期偿债能力保持正常，说明企业流动资产偏少而非流动资产偏多，加之企业总资产增长率明显过高，说明企业存在负债扩张的情况。钢铁行业整体的发展情况并不十分乐观，虽然目前企业经营向好，但从整体分析，企业资产规模/业务规模的同比变动水平偏高。因此，企业应关注在行业整体低迷时扩张带来的债务违约风险，审慎评估自身条件，选择平稳可控的扩张政策，警惕盲目扩张。

11.4　本章小结

本章详细介绍了智能决策系统自动生成最终综合报告及决策建议的相关理论与实践操作。伴随着经济和会计实务的进步与发展，各个行业和各种规模的企业生产、经营、决策过程呈现了几大发展趋势：经营业务复杂化程度提升、需要进行会计处理的业务数量剧增、竞争的加剧对决策效率提出了更高的要求、集团化发展使企业的规模扩大。智能决策支持系统通常集成了多种决策支持技术，如数据挖掘、机器学习、模型推理、智能优化等，能够对决策问题进行全面的分析和模拟，提供多样的决策方案和预测结果，帮助决策者快速作出准确的决策。目前，智能决策支持系统在多个领域得到了广泛应用，如金融、医疗、交通、工业等，可以帮助企业和组织更加高效地运作，优化资源配置，提高生产效率，增强市场竞争力。

 思考题

1. 目前大部分企业主要存在的管理问题有哪些?
2. 本系统中综合分析的关键指标包括哪些?
3. 本系统生成的综合报告的核心优势体现在哪些方面?

思考题要点及讨论请扫描以下二维码：

参考文献

[1] 本杰明·格雷厄姆. 证券分析 [M]. 邱巍, 等译. 海口: 海南出版社, 1999.

[2] 陈婧超. 管理会计智能化赋能企业高质量发展探讨 [J]. 财会通讯, 2022 (19): 162 - 166.

[3] [美] 弗雷德里克·泰勒. 科学管理原理 [M]. 北京: 机械工业出版社, 2021.

[4] 何其, 欧阳钰霓. AI 促进供应链的商业产业化研究: 以供应链中的需求预测环节和智能化仓储管理为例 [J]. 商场现代化, 2020 (24): 15 - 17.

[5] 姜付秀, 屈耀辉, 陆正飞, 李焰. 产品市场竞争与资本结构动态调整 [J]. 经济研究, 2008 (4): 99 - 110.

[6] 李雅娟. 杜邦分析法在房地产企业盈利能力分析中的应用: 以保利地产为例 [J]. 财会通讯, 2015 (14): 93 - 97.

[7] 李争浩. 大型能源企业 SN 集团的财务标准化实践 [J]. 中国管理会计, 2021 (2): 102 - 108.

[8] 刘宝红, 赵玲. 供应链的三道防线: 需求预测、库存计划、供应链执行 [M]. 北京: 机械工业出版社, 2018: 1 - 5.

[9] 刘成竹, 陈复昌. 企业会计报表分析 [M]. 2 版. 北京: 中国人民大学出版社, 2012: 69 - 110, 212 - 243.

[10] 刘永海. 基于供应链的应收账款管理模式探究 [J]. 现代商业, 2022 (14): 85 - 87.

[11] 陆正飞, 辛宇. 上市公司资本结构主要影响因素之实证研究 [J]. 会计研究, 1998 (8): 3 - 5.

[12] 史蒂芬·卢奇, 丹尼·科佩克. 人工智能 [M]. 2 版. 北京: 人民邮电出版社, 2020: 前言, 3 - 11.

[13] 滕晓东, 宋国荣. 智能财务决策 [M]. 北京: 高等教育出版社, 2021.

［14］涂子沛．数据之巅［M］．北京：中信出版集团，2014：379－380．

［15］汪金祥，吴世农，吴育辉．地方政府债务对企业负债的影响：基于地市级的经验分析［J］．财经研究，2020，46（1）：111－125．

［16］王莉，宋兴祖，陈志宝．大数据与人工智能研究［M］．北京：中国纺织出版社，2019：33－35．

［17］张庆华．财务决策支持系统中人工智能的应用［J］．全国流通经济，2019（8）：66－67．

［18］张庆龙．企业应以财务共享构建智能财务决策的数据基础［J］．中国注册会计师，2019（7）：99－100．

［19］张玉明．云创新理论与应用［M］．北京：经济科学出版社，2013：19－20．

［20］Raphael B. The Thinking Computer：Mind Inside Matter［M］. Thinking Computer：Mind inside Matter，W. H. Freeman&Co. 1976.

［21］Sternberg R J. In search of the human mind. 2nd ed［M］. New York，NY：Harcourt－Brace，1994：395－396.